お客さまに「買いたい」と言わせる

初動の営業術

中泉輝彦
NAKAIZUMI TERUHIKO

幻冬舎MC

お客さまに「買いたい」と言わせる

初動の営業術

はじめに

「同じ商品やサービスを扱っているのになぜか自分は売上が伸びない」
「何度営業をかけても面会すらしてもらえない」
「商談で必死にアピールしても契約まで至らない」

このような悩みを抱えている営業マンは決して少なくありません。販売構造の変化やＳＦＡ（営業の見える化）／ＣＲＭ（顧客の見える化）などの営業支援ツール導入により業務効率化が進んだ影響などで「営業不要論」という言葉もささやかれて久しく経ちます。より優秀な営業マンでなければ生き残れない時代を前にして、今後のキャリアについて大きな不安を感じている人も多いと思います。

私は38歳でまったく未経験だった保険営業の世界に飛び込み、わずか半年で営業成績全国1位を達成しました。3年後に愛媛で独立開業してからも、オリックス生命の販売実績では5連覇を含む6回の全国第1位を達成するなど、結果を出し続けています。

これまでのキャリアのなかで「自分はクライアントとの縁に恵まれない」と愚痴をこぼしたり、「自分には営業センスがない」などと弱音を吐いたりする営業マンをたくさん見てきました。しかし私の経験から断言すると、営業における成果の差は縁やセンスによるものでは決してありません。

では、成績を残す「一流」とそうでない「二流以下」の営業マンの違いは何かというと、見込み客へアプローチする前の事前準備ができているか、できていないかということです。愚痴や弱音ばかり吐く二流以下の営業マンは、事前準備をすることなく相手のリサーチもそこそこに片っ端から電話を入れて商談をもちかけているのです。

逆に一流の営業マンはそのようなアプローチはせず、アポ取りなどの事前準備を徹底するなど、商談前の「初動」の営業活動に多くの時間と労力をかけています。なぜなら、この初動が間違っていると、その後の説明や交渉、説得などにいくら時間をかけても無駄だと分かっているからです。つまり、売れるか売れないかは商談の前に決まっているといっても過言ではありません。

初動の営業術の具体例を挙げると、まずはＳＮＳなどのツールを駆使して徹底的に相手のことをリサーチすることから始まります。さらに、対面時に相手へ強烈な印象を残すために相手の業種やステータスに応じてテキストやデザインを使い分けた「サプライズ名刺」の作成や、相手からの信頼を得るための「１分間スピーチ」の準備などがあります。これらのテクニックによって、商談時の説明や交渉が非常にスムーズになりクロージング（契約締結）の成功率も上がります。その結果、売上を伸ばしつつ自身の営業力にも磨きがかかっていくという好循環を生み出せるのです。

本書ではそうした初動に関する営業テクニックを、余すところなく紹介しています。どれも、特別な才能や技術は必要ありません。ちょっとした気づきと努力さえあれば誰でも実践できるものです。この本をきっかけに、一人でも多くの読者が「初動」の営業術を身につけ、一過性ではなく、継続してお客さまに選ばれる一流の営業マンへと成長できればそれ以上にうれしいことはありません。

目次

第2章

一流は初面談前に結果を出している！

お客さまに「買いたい」と言わせる「初動」の極意とは

第3章

【初動の営業術①】
「話を聞きたい」と思わせる〝サプライズ名刺〟
SNSも駆使し、顔が見える営業マンとしてセルフブランディングする

第4章

【初動の営業術②】
「来てほしい」と言わせる鬼の手紙戦術

飛び込みは論外！　徹底した筆まめでアポ率100％を達成する

第5章

【初動の営業術③】

「この人なら」と信頼させる究極の１分間スピーチ

３つの約束事と自己開示を盛り込んだネタを仕込む

第6章

「初動」の営業術を磨き、お客さまから選ばれ続ける一流の営業マンになる

第1章

同じ商品・サービスなのに結果が違う……

「一流の営業」と「二流の営業」はどこが違うのか

営業とは悩み多き仕事

営業とは、お客さまに新しい商品やサービスの利便性、それを使うことによる喜びなどをもたらすことができるすばらしい仕事です。かつては男性が中心の仕事とされていましたが、いまや女性も数多くその職に就いて活躍しています。しかし、従事している人にとっては男女問わず悩みが多い仕事でもあります。

まず、思うように売れないという悩みです。ＰＲ会社「悠楽」が行ったアンケートによれば、営業に関する悩みがある８００人のうち、半数近い人が「売上ノルマをなかなか達成できない」（47・5％）と答えています。続いて多く挙げられたのが、「売りたい商材・サービスの良さをうまく伝えられない」（26・9％）、「コミュニケーションを取るのが得意でない」（25・9％）です。ただし「売上ノルマをなかなか達成できない」と回答した人のうち、53・3％がほかにも悩みがあると答えており、その上位が「売りたい商

●「現役営業マン300人に聞いた 営業職お悩みアンケート」

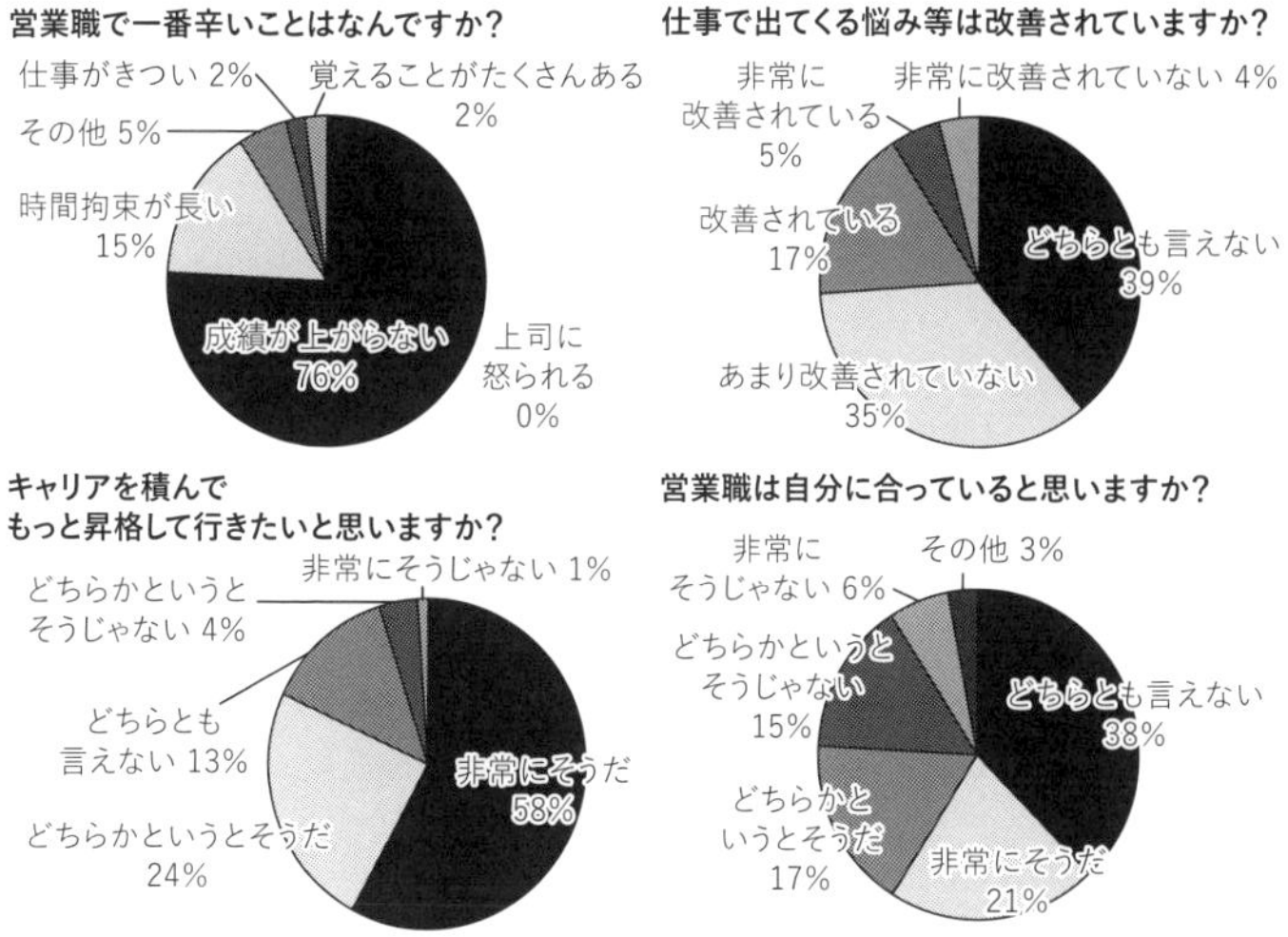

出典：営業くん.com

営業に関する悩みは何ですか？ 複数回答可(N=800)

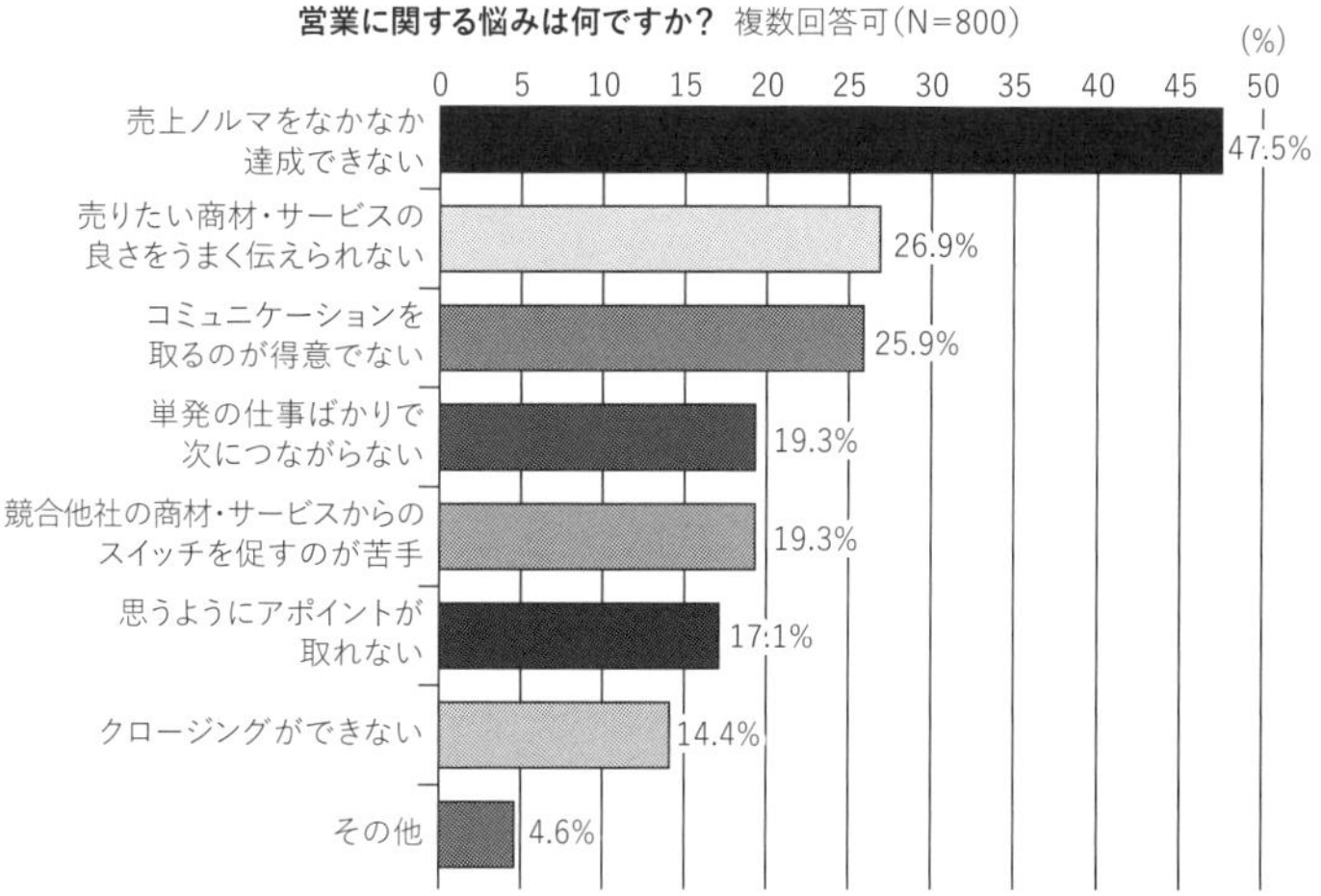

株式会社悠楽調べ

●新型コロナ流行後の悩み

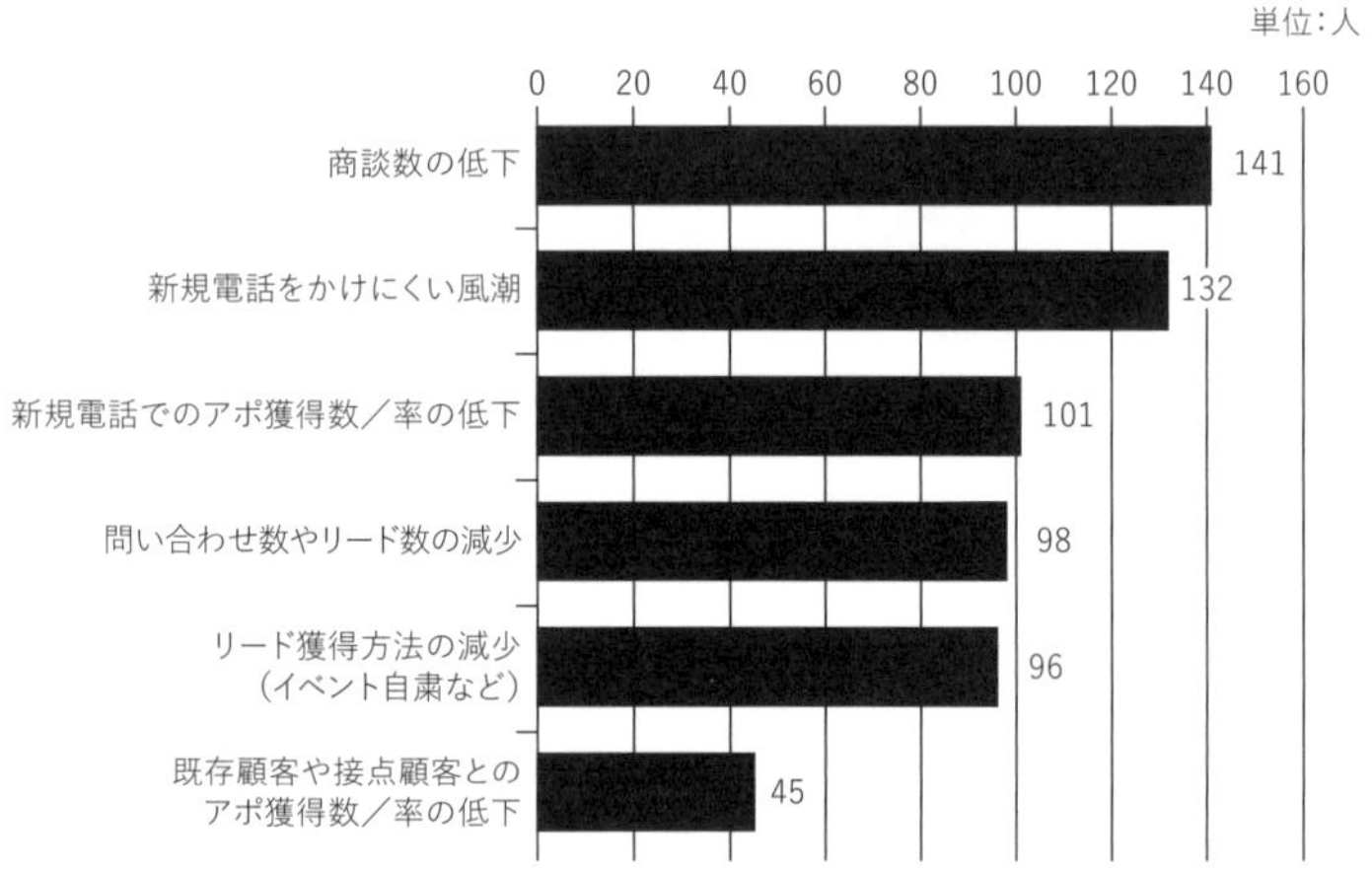

セレブリックス調べ（調査対象は営業パーソン約400人/複数回答アリ）

材・サービスの良さをうまく伝えられない」（25・0％）、「コミュニケーションを取るのが得意でない」（21・6％）となっています。

　そもそも電話でアポを取ったり、実際に会う約束を取り付けたりすること自体が、今はハードルが高くなっています。営業支援企業セレブリックスのアンケートによれば、営業の悩みの上位に「商談数の低下」「新規電話をかけにくい風潮」「新規

● **売上ノルマをなかなか達成できないと回答した人の他の悩み**

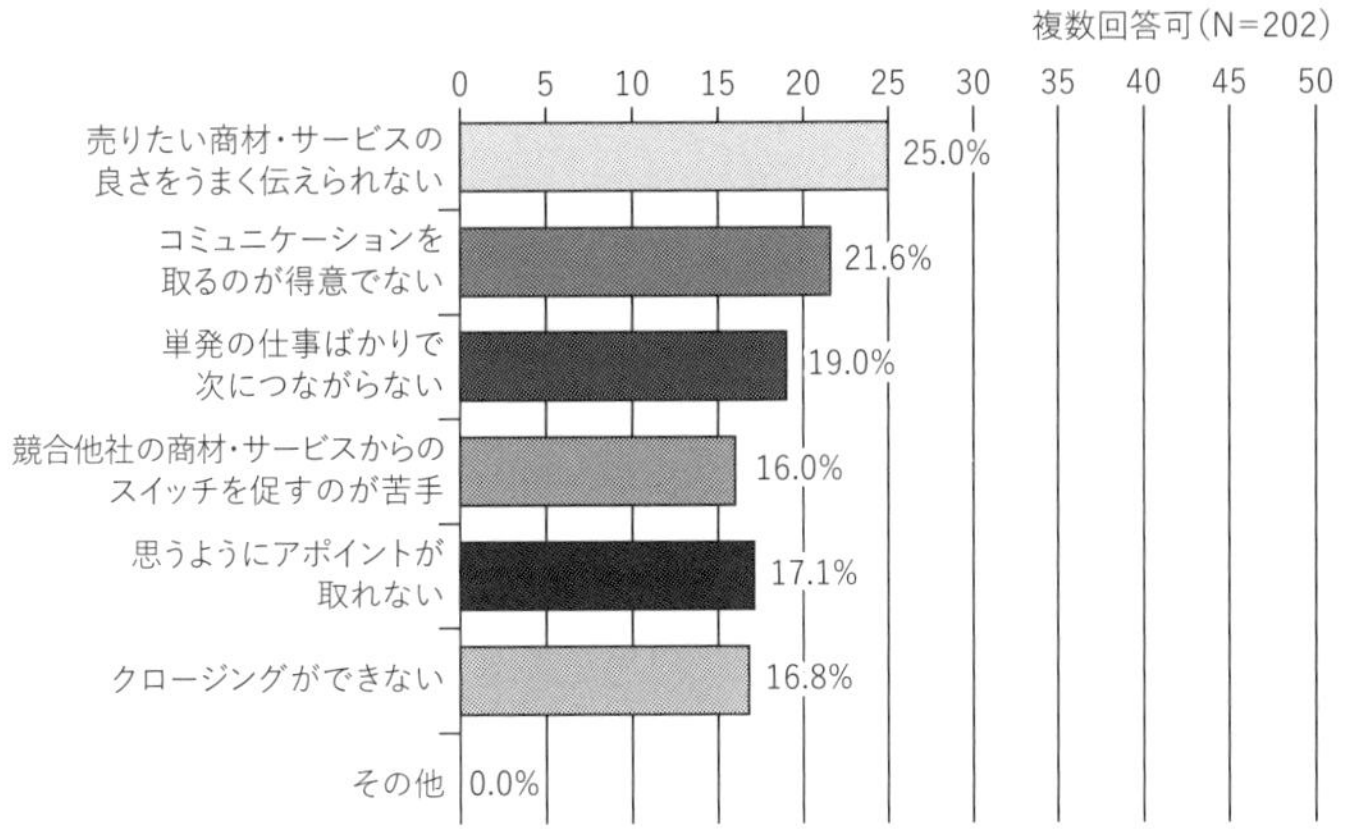

■**営業の悩み**
調査期間：2021年12月16日～12月17日
調査地域：全国
調査対象：25歳～55歳の「営業に関する悩みを持つ」男女
サンプル数：800

株式会社悠楽調べ

電話でのアポ獲得数／率の低下」が並んでいます。そこにはさまざまな理由があると思いますが、いずれにせよ商談をする以前にお客さまと会うことすらできない営業マンが多数いる現実が浮き彫りになっています。

　このような事情から、ノルマを達成できずに悩んでいる営業マンが多くいます。15ページ上のアンケートでも、「営業職で一番辛いことはなんですか？」という設問に対し、76％の人が

「成績が上がらない」と訴えています。そうした悩みがなかなか改善されないことが、アンケート結果から分かります。世の中には営業力を上げるための本やセミナーがたくさんありますが、そう簡単にはいかないということです。

さらにアンケートには、営業がとてもすばらしい仕事だと認識し、その仕事でキャリアを積んで成功したいと思っているにもかかわらず、営業職は自分には合っていないと思っている人が、「どちらとも言えない」を含めるとかなりの人数がいます。おそらく営業成績が上がらないことで、自分に自信がもてず、結果的に営業という仕事に誇りをもてない人が多いのだと思います。

一流と二流に二極化する営業マン

一方で、着実に成績を上げている営業マンも存在します。人材派遣会社パーソルマーケティングの調べによると、営業職全体の平均年収は約480万～560万円で、ほかの職種と比べて大差ありません。しかし、営業の場合は歩合が設けられていることが多いため、営業成績によっては、平均の金額よりもさらに高額な給料が見込めます。高給のケースでは年収3000万円を超える人もいます。当然、取り扱う商品やサービスなどによって異なりますが、頑張り次第で高額な給料を手にできるのが営業職の魅力です。

しかしそれは、逆に怖いところでもあります。なぜなら、成績がすべて数字で出てしまうので、一般的に、売れなければ二流、売れれば一流と区分けされています。しかも一度貼られたレッテルを剥がすのは容易なことではありません。そして、二流は売れないから自信をなくし、ますます売れなくなります。逆に一流は、売れるから自信を高め、自己投資を行い、ますます売れるようになります。この負と正のスパイラルはそれぞれ真逆の方向に進んでいくので差がどんどん開いていき、その結果、一流の営業マンか二流の営業マンかという二極化が進んでいるのです。

二流はますます淘汰される

さらに近年は、二流の営業マンにとって追い打ちとなるような問題が出てきました。それは営業の仕事自体が年々減ってしまっているという現実です。総務省統計局の「労働力調査年報」によると、営業職の労働人口は２００１年の９６８万人をピークに、２０１８年には８６４万人に減少、つまり20年足らずで約１００万人の営業マンがいなくなってしまった計算になります。そしてコロナ禍での非対面化が進み、その数はさらに減り続けていくと考えられています。

営業マンが減っていく理由としては、以下の３つが挙げられます。

まず「ビジネス構造の変化」です。昔の日本のビジネスはさまざまな会社の利害が多層に関わり合い、その調整をする役目として営業マンが大事な役割を担っていました。しか

● 営業職(販売従事者数)の推移

出典:総務省統計局「労働力調査年報」を基に著者作成
※2011年は震災のため岩手県・宮城県・福島県を除く

し、現在はインターネットが登場したことでオンラインによる受発注の仕組みが出来上がり、人を介在しなくても企業の購買活動ができるようになっています。そのため、営業マンの付け入る隙がなくなってきているのです。

次に「モノやサービスの売り方の多様化」です。この多様化によって、営業のスタイルもさまざまに変化しています。かつて営業といえば、飛び込みやテレアポなどで積極的にお客さまに売り込む「アウトバウンド型」が主流でしたが、今は無理に押し売りせずお客さまからの問い合わせを待つ「インバウンド型」に変化しています。つまり「足で稼ぐ営業」というイメージは古くさいものとなり、それしかできないという営業マンは成果を出せなくなってきており、必然的に職を失うという構図です。

そして「営業を取り巻くテクノロジーの変化」です。ウェブ会議ツールや営業支援ツールであるＳＦＡ（セールス・フォース・オートメーション）やＭＡ（マーケティング・オートメーション）ツールなどの導入によって、お客さまへの訪問は行わず電話やインターネットによる営業スタイルが確立されました。そのため会社としては、営業マンの人数が減っても成果が出せるようになったのです。つまり、効率的に成果を上げることができない二流の営業マンは淘汰されていく運命にあります。

ちなみに、アメリカの調査会社「Ｆｏｒｒｅｓｔｅｒ Ｒｅｓｅａｒｃｈ」のレポートによれば、アメリカでは今後5年間で１００万人の営業マンが失業するといわれています。インターネットの普及により、お客さまが営業マンから情報を仕入れなくても、欲しい情報を自分で仕入れて判断できるようになったからです。それにより、営業マンが訪問する頃はすでにライバル会社の商品やサービスと徹底的に比較され、お客さまは欲しい商品がすでに決まっていることが起こり得ます。中途半端な知識の営業マンよりもお客さまのほうが商品について詳しいということもあり得るのです。

ＡＩが二流の仕事を奪う

そして、最新で強力な敵がＡＩです。今、文章やイラストを作ってくれるＡＩが話題ですが、営業トークをＡＩがつくってくれるようになるのは時間の問題です。すでに、チャットボットがおすすめの商品を紹介してくれるのは当たり前となっています。

さらにメタバースが本格化すれば、ＡＩ搭載のアバターが生身の人間の代わりに営業をするようになる可能性が高いです。そうなったら、ただの「物売り」は消えてなくなります。物売りとは商品やサービスの機能や使い方について説明をするだけの二流の営業マンの仕事を揶揄した言葉ですが、そのような単純な仕事はＡＩのほうが何十倍もうまいからです。

つまり、二流の営業マンは、既存のやり方でどんなに営業スキルを磨いても、ＡＩが台頭するこれからの時代に成果を出し続けるのは、非常に困難だといわざるを得ないのです。

そんな時代に営業マンとして生き残っていくにはどうすればいいかというと、結局「あなたから買いたい」と思われる一流の営業マンになれるかどうかに尽きます。確かにＡＩは、その人にとって最適と思える商品を提案してくれます。しかし、その商品を買って良かったと心から満足させてくれるかどうかは話が別です。顧客満足度を高めるのは、そう簡単なことではないからです。

私が扱っている保険は、いまやインターネットでいつでも気軽に契約できます。実際にネット保険は非常に人気で、契約数も増えています。しかし、私はインターネットでの契約と、対面での契約とでは、顧客満足度においては大きな差があると考えています。

例えば自動車保険でいうと、事故を起こしてしまった場合、私のお客さまなら一緒に被害者のところに行って「こういう保険に入っていますから大丈夫ですよ」と私が説明します。しかし、インターネットで買った人の場合、そのほとんどが一人で心細いまま、被害者に怒られてつらい思いをすることがあります。検討しているときにどちらがいいかと聞くと、どうせ事故などめったに起こらないのだから安いほうがいいと、ネット保険に走るお客さまも多いのですが、しばらくすると事故を起こしたわけでもないのに、私のところで契約したいと帰ってきます。私から説明を受けたあと、ネットで保険に入った友人から、事故を起こしたときには本当に誰も来てくれないと聞いて、怖くなったのだそうです。いざというときでも安心できる、これも一つの顧客満足です。

被害者のところにお客さまを一人で行かせる、そんな不親切な保険契約があるのかと思うでしょうが、あるのです。なぜなら、保険会社からすると事故を起こす人間は何回でも繰り返す可能性が高いので、継続してもらわなくても結構だと思っている傾向があります。そのように、最初の利益だけ取ってアフターフォローはいい加減に済まそうという考え方を「チェリー・ピッキング」といいます。

ちなみに、テレビＣＭでもやっているとおり、事故を起こしたら警備会社の人は来てくれるかもしれません。しかしそれは都会での話で、地方は正直難しいです。もし来てくれたとしても警備会社の人は保険の内容については無知です。そういうマイナスなことはテレビＣＭでは決して説明しません。

逆に、そういった部分も手厚くケアするところに、私たちのような営業マンの価値があります。いざとなっても相談に乗ってくれる、だから安心なのだという価値を営業活動のときから顕在化し、顧客満足度を高めることができるのが一流の営業マンであり、ＡＩ時代でも生き残る秘訣です。なぜならＡＩには目に見えないモノ、つまりお客さまの不安な気持ちのような人情の機微については説明ができないからです。

つまり、これからの営業マンに求められるのは、見込み客に対して必要な情報を提供し、その購買活動をサポートするコンサルタントとしての役割です。そのためには、見込み客から課題やニーズに関する情報を的確に手に入れ、ベストな購入タイミングを提案することが必要になります。そのようなことは、二流の営業マンにはできないことです。商品やサービスの説明だけでお客さまのことをまったく見ていないし、知ろうともしないからです。このお客さまは何が不安なのか、何が足りないから、それをどのように補おうとしているのか、まずはお客さまをしっかりと観察し、ヒアリングすることが、一流の営業マンには必要なのです。

9割は二流の営業マン

しかし、現存する営業マンの9割は、ＡＩ時代に生き残れない二流の営業マンといわざるを得ません。二流の営業マンには何が足りないのか、という以前に二流の営業マンは「営業」のとらえ方からして間違っています。営業マンとは何か、自分は営業マンとしてどのように仕事をすればいいのか、自分の立ち位置＝スタンスが分かっていないのです。

営業マンは英語でセールスマンといいます。セールスとは、セル（販売する）の形容詞ですから、販売する人となります。しかし、商品やサービスを販売すれば、すなわち営業マンとなるかといえば、そうではありません。例えば、デパートで化粧品を売る人や、携帯ショップでスマホを売る人は「販売員」です。

ではなぜ、そういう人たちが営業マンと呼ばれないのかというと、化粧品売り場や携帯ショップに来るお客さまは、あらかじめ買いたい気持ちが明白だからです。人によっては買いたい商品まで決まっています。そうした人に売ったところで、商品を倉庫からお客さまへ動かしただけです。あるいは商品やサービスの「説明マン」になっているに過ぎません。

営業マンとは、買いたいかどうか分からないお客さまのにニーズを顕在化して、お客さまに買っていただけるところまで導くプロフェッショナルのことです。つまり「買いたいかどうか分からない」を「買いたい気持ち」に変えることができるのです。しかし、二流の営業マンは、そのことを理解していません。だから、一生懸命その商品（サービス）の性能ばかりをアピールするのです。

例えば、大型ショッピングモールの自動車販売店では、大きな広場に車を何台か並べて販売しています。施設のメインストリートですから、当然車を買おうと思っていない人も大勢通ります。そんななかでも、たまに少し車に興味がありそうなお客さまが通りかかります。まさに今、小さな子どもを連れた家族が通りかかりました。30代くらいの父親が、並んでいる車にちらりと目をやります。そこで営業マンがすかさず何かお探しですか？と声を掛けました。するとお客さまはそろそろマイカーの買い替えでもと思って……と答えます。営業マンは喜び勇んで、おすすめがありますよと売り込みに入ります。

さて、ここからが二流の営業マンと一流の営業マンとでは違います。二流の営業マンのおすすめは、今ＣＭでも話題のＥＶカーです。バッテリー性能の向上で、航続距離が１・５倍に増えました。価格は多少高めですが、補助金が出るので普通のコンパクトカーと同じくらいで買えます。今なら革張りシートのオプションが無料など、性能や価格について説明します。しかし、このお客さまは一言もＥＶカーが欲しいなどと言っていません。そもそも自宅に駐車場があるのかどうかも不明ですし、あったとしてもマンションでは充電することすら難しいはずです。それなのに航続距離が１・５倍になったとか、補助金で安く買えるとか言われても馬の耳に念仏です。さらに、オプションなどおまけですし、小さな子どもがいる家族が革張りシートを選ぶはずがありません。お客さまのことを何も考えていない典型的な二流の営業マンです。

ところが一流の営業マンは違います。一流の営業マンはまずお客さまをしっかり観察し、例えば、連れている子どもが小学校低学年くらいなら、塾の送り迎えに自転車も積めるので便利だとか、土日は家族でキャンプも楽しめるとか、もう1人子どもが増えても安心だとか、祖父や祖母も乗せて出かけられるとかの理由を提示して、その家族に合う7人乗りのミニバンを提案します。

一流の営業マンは、お客さまに商品やサービスを使っている状況をイメージさせて、それによって今の生活がどれだけ豊かになるのかという「潜在的なニーズ」を引き出すのが非常にうまいのです。しかし、それができるのは私の実感では営業マン全体の1割程度です。残りの9割の営業マンはそれができません。つまり二流以下の営業マンといえます。

この、一流の営業マンが引き出す潜在的なニーズは、お客さまの現在の延長線上にある未来から逆算するものです。欲しいという気持ちは現在の生活と地続きになっているので、少し未来を想像して掘り起こすのがコツとなります。

さらに一流の上をいく超一流の営業マンともなると、さらにその先を掘り起こします。今のお客さまのおかれた状況とはまったく関係のないところから、ニーズを生み出すことができるのです。無から有を生み出す、いわば現代の錬金術師です。

30代前半の独身サラリーマンにマンションを売るケースで説明します。この人はまだまだ結婚する予定はなく、かといって資産形成として不動産を買うほどの給料はもらっていません。二流の営業マンは間取りやベランダからの見晴らしをアピールしますが、一流の営業マンは将来結婚したときのことをイメージさせます。そして、超一流の営業マンは、サラリーマンはだいたい35歳くらいで独立の道を選択することがあるという話から始め、独立するとローンが組めなくなるから、今のうちにマンションの1部屋でも買っておいたほうがいいと勧めます。

二流のやり方がうまくないのは説明するまでもありません。一流のやり方は間違ってはいませんが、相手に結婚する気がまったくなければ訴求力として少し弱まります。しかし超一流の場合はマンションがあったほうが有利だというゼロからの提案をしていますので、その人の現状や将来は関係ありません。このように超一流は、無から有をつくりだす錬金術的営業テクニックを駆使しているのです。

物売りに終始してはずっと二流のまま

結局のところ一流の営業マンとは、商品やサービスではなく、「自分」を売る達人です。自分を売るとはすなわちブランディング、自らを価値あるものとしてお客さまに提示するということです。それは、本書のテーマでもある「初動力」の根幹を成すものです。ブランディングは、お客さまと対峙する前から始まっています。だから「初動力」なのです。

そのためには、まずどんな「自分」を売りたいのかを決めておく必要があります。それは人によっていろいろあってよいと思います。それが営業マンとしての個性になるからです。ちなみに私は、常にお客さまがどうすれば喜ぶかを考えて仕事をしていますから、お客さまが喜ぶ自分を売りたいというのが私のブランディングとなります。

具体的なブランドイメージは、話が面白くて、保険の説明が理路整然とできて、お客さまが得するような人脈があって、親しみやすい身近な営業マンです。なぜなら話がたいして面白くなくて、保険の説明も下手で、仏頂面で会うと緊張してしまう営業マンからは、誰も保険を買いたいとは思わないからです。それよりも、気づいたらいつも近くにいて、なにやら面白い話をして帰る気さくな保険営業マンのほうが絶対親しみやすくていいはずです。そういう営業マンでいれば、3回に1回ぐらい保険の話をすると、お客さまもじゃあそろそろ契約更新だから……と詳しく話を聞いてくれます。そうした地道さ、野球でいえばバントのような作戦が、積もり積もって大きな成果につながるのです。そこまで考えて一流の営業マンは自分をブランディングしています。

つまり、物ではなく自分を売ることができると、商品の良し悪しとは関係なしに営業ができるようになります。極端なことをいえば、手元に商品がなくても、たとえ路傍の無価値な石さえも、販売することができるのです。なぜなら実際の商品について説明する前から、営業ができているからです。だから「初動力」は、営業マンにとって最強のスキルなのです。

第2章

一流は初面談前に結果を出している！

お客さまに「買いたい」と言わせる「初動」の極意とは

「初動」とは何か

初動とは、名刺作成やアポ取りなど、お客さまと実際に会うまでの事前準備のことを指します。イメージとしては左の図のように三層構造になっていて、その頂点に商談が乗っています。つまり、営業活動とは事前準備である初動がほとんどを占めており、それがあって初めて商談が成立するのです。図における商談のスペースの小ささを見ても、商談で何かができる余地は限られていることが分かります。初動ですべてが決まるとはこういうことなのです。

この初動が間違っていると、あとはどんなに努力しても実を結ぶことはありません。こうした事前準備の大切さをうたう成功者は多くいます。例えば、アメリカ合衆国建国の父といわれるベンジャミン・フランクリンは、「準備を怠ることは失敗への準備である」と

● 初動の基本構造

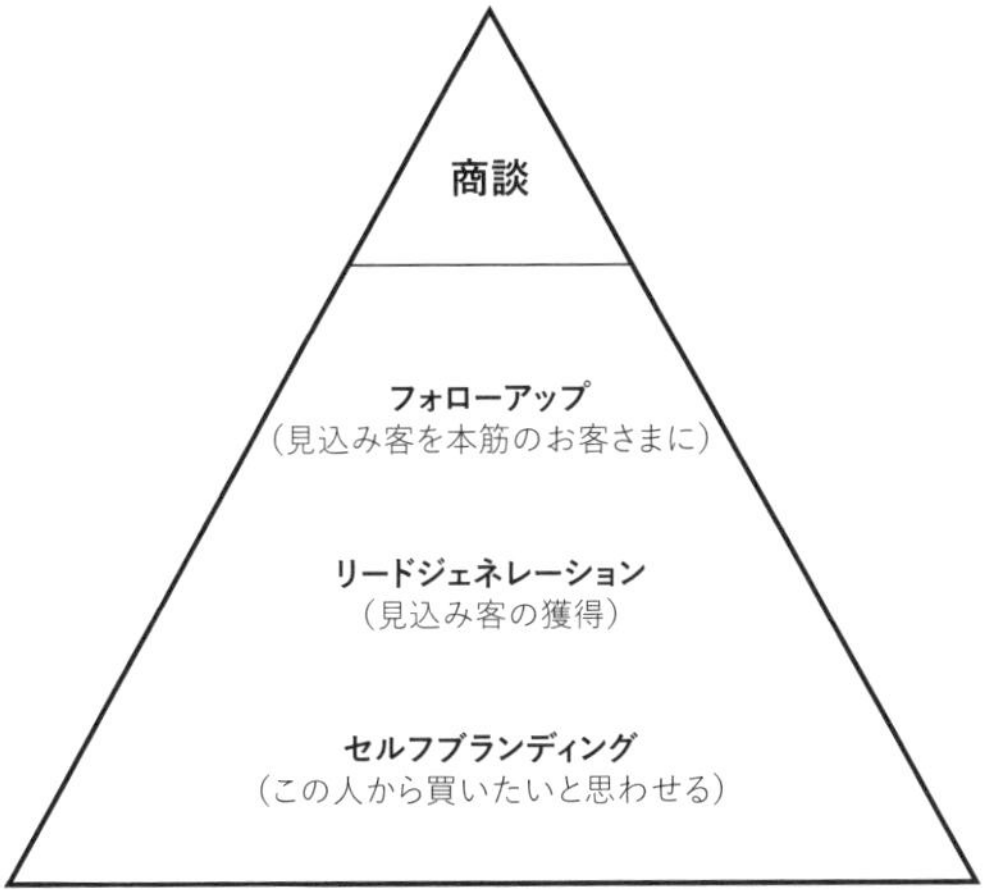

出典：著者作成

いう名言を残しています。

例えば登山において考えてみると分かりやすいですが、装備やルート設定などの事前準備が欠かせないことは常識です。登山道具の選定や装備の点検、食料や水の確保、地図の確認など、しっかりとした準備を行うことで、より安全かつ確実に登頂することができます。それを怠れば待っているのは遭難、そして最悪の場合は死です。

営業においても、事前準備を怠れば商談という登山口に立つことはできません。それなのに準備をないがしろにしている営業マンが多いのは、その失敗の原因が初動の間違いであることに気づいていないのです。今回はタイミングが悪かった、相手の機嫌が良くなかった、お客さまが求めているものと自分の扱っている商品が違ったなど、さまざまな言い訳をして、あたかも自分のせいではないと思いたがる人をよく見ます。

しかしそれは絶対に間違いです。タイミングが悪かったことも、相手の機嫌が良くなかったことも、お客さまが求めているものと自分の扱っている商品が違ったことも、すべて初動がうまくいかなかったからです。むしろ、そうした失敗の原因を一つずつ消していくのが初動の役割です。

「敵を知り己を知れば百戦危うからず」

初動において何よりも大事なのは、相手のことを知り、そして自分は相手に対してどんな役に立つことができるのかを知ることです。すべてはそこから始まります。

そのためには、まずお客さまの立ち位置を確認することが重要です。立ち位置とはすなわち現在地点です。個人なら独身なのか、家族がいるのか、家族がいるならその家族構成、サラリーマンか自営業か、収入はどれくらいか、借金はあるのか、友達はいるのか、家族円満かなどです。法人なら規模や売上はどうか、どのような事業を行っているのか、社長は創業家かプロパーかなど、ありとあらゆることを、SNSなども駆使してリサーチします。

その次に行うのが、なりたい姿の確認です。いわば未来のイメージです。個人ならどんな人生を送りたいのか、子どもは大学院まで行かせたいのか、会社は定年まで勤めたいのか、その後はどうしたいのかといったことです。法人ならどんな事業を今後やっていきたいのか、跡取りはいるのかなどを、例えば異業種交流会などでの立ち話でさりげなく聞き出します。

そうした、お客さまの現在の立ち位置と将来のなりたい姿、つまり現在と未来の2つの点が分かれば、それをつなぐことによって線が浮かび上がります。その線はその人の人生のタイムラインです。そのタイムラインを営業マンが共有できれば、お客さまの子どもが小学校に入る頃だから学資保険の検討が必要だとか、新社屋を建設したから借入金の返済のために保険の見直しも必要だとか、営業を働きかけるべきベストなタイミングが分かってくるのです。

当然ながら、お客さまのそうしたライフイベントに自分が何を提供できるのかを日頃から熟知しておくべきです。ベストなタイミングでベストな商品・サービスを営業できれば、成約の可能性はぐっと高まるからです。そのようにお客さまの情報と自分の強みを調べておくことは、初動の第一歩なのです。

見込み客をすばやく見つける

買いたくない気持ちを、買いたいという気持ちに変える――しかし、すべての人に商品やサービスを売ることはできません。例えば免許をもっていない人に車を売ることはほぼ不可能です。これは売れないと思ったら、潔く諦めるのも時には重要です。自分の体は一つだけであり、限られたリソースはなるべく効率的に使ってこそ、トータルの売上が伸びるからです。

大事なのは、買ってくれそうな人をすばやく見極めることです。少しお客さまと会話しただけで、この人は買ってくれそうか、買ってくれなさそうかを見抜くことも初動の一つです。

例えば次のようなお客さまがいたとします。

A．車を持っている人

B．車を持っていない人

すでに持っているのなら2台も必要ないし、やはり持っていないほうが売れるはず——そう思ったあなたは残念ながら二流の営業マンです。なぜなら、免許がない、所有する経済力がない、あるいは都会に住んでいてマイカーを持つ必要性を感じていない、マンションに駐車場が付いていないなど、持っていない人にはそれなりの理由があるからです。

一流の営業マンはどうするかというと、すでに1台所有している人を狙います。すでに持っているのなら、41ページのような「持っていない理由」がありませんので、無駄撃ちになる心配がありません。あとは、買い替えたいと思わせられるかどうかです。

私の生業である保険の営業も同じです。すでに保険に入っている人と、入っていない人がいたら、私は迷わず前者に営業をかけます。保険というのは親戚や知り合いの義理で入っていることが多く、普段は放っておかれるからです。ちょうど契約の更新が近かったり、保険料を払い過ぎていたりするかもしれませんから、一度見直してみませんかと言えば話だけは聞いてくれます。

逆に、もしいい年をして保険に入っていなかったら、入っていない理由があるのです。自分から入りたいと来る人も見込みの薄いお客さまです。見込み客を見つけるとは、見込みの薄いお客さまを省いていく作業ともいえます。

嫌な相手は上手に断る

二流の営業マンは、見込み客が100人いたら無理にでも100人と契約しようとしますが、一流は無理に100人と契約することはしません。もちろんプロですから、最初はすべてのお客さまと契約するつもりで対峙します。しかし、どうしても難しいと思ったら、申し訳ありませんが私ではお役に立てませんと、早めに言うのも初動の一つです。

そもそも、保険商品は誰にでも売ってよいものではありません。例えば、私が駆け出しの頃は、自分から入りたいとやってきたお客さまは全部断れと言われていました。なぜなら、わざわざ自分から入りたいという人は入りたい特殊な理由があるからです。特に自動車保険は要注意です。すでにぶつけたあとという可能性もあるからです。

嫌だなと直感的に思うお客さまはトラブルの元です。そうした人的トラブルから身を守るためには、お客さまを断る勇気をもつことも大事です。ルート営業のようにどうしても決められた相手と交渉しなければならない場合は、一時的にノルマ達成率が下がる可能性はありますが、そこはあえて契約しない、勇気をもって断るのもプロの務めです。それは営業マンとしての自己防衛策です。

ここだけの話ですが、本当にお金がある人は精神的にも余裕があります。重箱の隅をつつくようなクレームも言わないし、書類も早くやり取りしてくれます。だからお金持ちになっているのです。そういうお客さまこそを大事にして、さらに太いほかのお客さまを紹介してもらうほうが、嫌なお客さまを相手にするより何百倍も効率的です。ドライな言い方かもしれませんが、年間20万円の契約のお客さまと年間200万円のお客さまを同列にしてはいけません。飛行機もエコノミークラスとファーストクラスとでは何倍も料金が違います。

営業の仕方についても、10万円の人を100人集めるのと、100万円の人を100人集めるのとでは、結果がまったく変わってきます。つまりロイヤルカスタマーとの信頼関係構築を最優先とすべきです。

返報性の法則

スーパーで実演販売のスタッフが、「これおいしいですから、どうぞ」と言って、つま楊枝に刺した唐揚げを差し出してきたとします。あなたは何の気なく受け取って食べました。食べたらそれなりにおいしかったので、特に唐揚げが欲しかったわけではなかったけれど、つい買い物かごに唐揚げを1パック入れてしまった――。

これは、心理学における「返報性の法則」というものです。相手から何かをしてもらったら、お返しをしなければならないと自動的に思ってしまう心理効果のことです。人間が無意識に感じる条件反射のようなものです。だから住宅展示場で子ども相手に風船を配ったり、サービスチケットを渡したりしているのです。この返報性の法則をうまく利用して、早い段階から「この人から買いたい」と思わせるのも一流の初動テクニックです。

もちろん、粗品を配れと言っているわけではありません。物で釣ろうなんていうのは二流の営業マンのやることです。そうではなく、ここまでしてもらったのだから、買わないと申し訳ないとお客さまに思わせるのです。

自動車なら、そのお客さまの家族構成や住んでいる家、周辺環境、趣味、色の好みなどを可能な限り聞き出して、その人に最適な1台を選びます。保険なら同じようにその人の人生プランを事細かに聞いて、お客さまと家族の未来を安心して守れるようなプランを提案します。そうした誠意をしっかりと見せることで、お客さまは営業マンに信頼を寄せ、ここまで一生懸命に考えてくれたのだから、と恩に感じるようになるのです。

こちらからお願いします、買ってくださいなどという態度ではいけません。それだと逆に返報性の法則が働かなくなります。むしろこちらがお礼をしなければならない立場になってしまいます。これは完全な初動ミスです。

予算3割増しの法則

初動によって売上の額も変わってきます。もし、予算が１００万円のお客さまがいたら、いくらの商品を提案すべきでしょうか。次の３つの選択肢があるとします。

A．１００万円の商品
B．90万円の商品
C．１３０万円の商品

AかBと答えた人は、残念ながら二流の営業マンです。なぜなら、予算というのは最低限払える金額であって、その気になれば実際に払える金額はもっと多いからです。一般的には予算の3割増しといわれています。１００万円なら１３０万円です。

予算3割増しの法則を発動させるには、早い段階でお客さまの購買意欲を高めることが大事です。これが初動ということになります。

例えば、アパレルショップに来たお客さまが、売り場で気に入ったジャケットを1枚見つけたとします。店員はそれを察知したら、すかさずもう1着色違いのジャケットや、そのジャケットに合うシャツを勧めるべきです。人間は一度欲求のブレーキが外れると、自分で止めるのが難しくなります。その結果、ジャケットを1着だけ買いにきたのに、2着も3着も買ってしまったということも起こり得ます。1着が2着になれば、3割どころか予算の10割増しです。それなのに、2着目を勧めずに、お客さまが最初に手に取った1着だけしか売れなくても1着売れて良かったと喜んでいる二流の営業マンのなんと多いことか。逆に同じ物を売っているのに、何倍も営業成績が違う一流の営業マンは、初動によってこうした見えない利益をコツコツと積み上げているのです。

最初から下心を見せるべき

営業マンとして、いつ本題を切り出すべきかの判断が重要です。本題とは、お金の話をするということです。このタイミングに悩んでいる営業マンは少なくありません。

恋愛の話で例えると、好きな人と付き合いたい場合はまず友達関係から始めようとするはずです。初めて会うなりいきなり結婚してくださいとプロポーズする人はいません。真剣に付き合いたいのなら、友達から少しずつ距離を縮めていくのが定石です。その間にやっぱりこの人じゃないと思うかもしれないからです。

同じように二流の営業マンのなかには、「まずは（お客さまになる前に）お客さまと友達になることから始めるべきだ」と説く人がいます。しかし私は真っ向から否定します。友達だと思っていて実は営業が目的だったと気づいてうれしい人はいないからです。

仮にAさんと友達になったとします。そして休日も一緒にゴルフに行くような間柄になりました。1日コースを回って、クラブハウスでビールを1杯飲みながら、あのショットはどうだった、あのパターは最高だったと、ゴルフ談議に花が咲きます。Aさんは、この人は営業マンという仕事だけどどうやら自分に対しては銭勘定抜きに接してくれているようだ、本当に良い友人が見つかったとしみじみ思っているところに、いきなり保険加入の話をされたら相当落胆するはずです。せっかくの友情も水の泡です。その人の落胆ぶりは想像するに余りあります。なぜならAさんは、二度と保険の営業マンの話を聞いてくれなくなるからです。

当然ながら、仲が良くなれば良くなるほど、頼みは断りにくくなります。そうした弱みにつけ込んで営業するのは、二流どころか三流の営業マンです。新人の営業マンはノルマを稼ぐために親や親戚、友人に頭を下げたりしますが、契約が取れるのは最初だけです。そのうち、友達はどんどん減っていき、気づけば周りから誰もいなくなった、ということにもなりかねません。

ではどうすればいいのかというと、一流は堂々と下心を見せます。それもなるべく早い段階で見せます。例えばこう言います。「ご縁ができた××さんのために今度、保険のプランを考えさせてほしい。その代わり、一生あなたが後悔しない最高のプランを提案するから」。もちろん、すでに加入している保険があるなどの理由で、すぐには契約してくれないこともあります。そんなときでも、二度と顔を見せるな！などということは絶対に言われません。風向きが変わるときが来るまで辛抱強く待ちます。ただしこう念を押します。「契約更新のときは、真っ先に私に声を掛けてね」。つまり、下心があるとはっきり知ってもらっておくのです。ちょっと汚い言葉ですが、つばを付けておくということです。そうすることで、結果的に優良な見込み客を、長期間キープすることができるのです。

お客さまは〝素人〟のままでいい

今、世の中の多くの商品やサービスが均一化しています。家電が良い例です。量販店に行けばたくさんのメーカーから数多くの商品が販売されています。しかし、極端なことをいえば性能はどこも同じです。選ぶとしたら価格帯だけで、廉価品か、中級品か、高級品かという違いだけです。あるいは昔からそのメーカーが好きだとか、それくらいの理由です。

私が扱っている生命保険や損害保険という商品はもっと顕著で、単純な話、保険金が３０００万円出る商品なら、掛け金が安ければ安いほど得なのです。ですから自分でネットを調べて購入するお客さまが近頃増えています。

そんな状況なのに、いまだにお客さまに商品について説明して、詳しくなってもらおうとする営業マンが多いのには困惑します。店頭に来ているということは、機能はすべてチェックしたけれど甲乙つけがたいから最後のひと押しを店員にしてほしいのです。そんなお客さまにくどくど説明しても意味がありません。

私は、初めから保険商品の詳しい説明はしません。まずお客さまの未来をともに想像して共感し、こんなことが起こったらこういう保険があると助かるということを話したうえで、予算のなかで完璧と思うプランを提案します。結果的に今のタイミングで入る必要はないと言う場合もあります。不要な商品を申し込ませるのは押し売りになるからです。いずれにせよ、お客さまが内容について過度に詳しくなる必要はないのです。なぜなら、いざというときには私が事務手続きを代行し、適正な対応をするからです。お客さまにはとにかく安心していただくのが第一です。結果的に、いざというときは営業の人に聞けば安心という信頼感につながります。あえて詳しく説明しないという、逆説的な初動もあるのです。

人は売り込まれるのが嫌い

次に行うのは「きれいなきっかけ」づくりです。きれいなきっかけとは、お客さまに売り込まれていると思わせない出会い方をすることです。なぜなら人は売り込まれるのが嫌いだからです。

その証拠に、営業電話がかかってきたり、街でキャッチセールスに声を掛けられたりすると、ほとんどの人が怪訝な顔をします。なかには、間に合ってるよ！と、商材を聞きもせずに拒否の態度を示す人もいます。つまり売り込まれることを嫌うのは条件反射、本能だといえます。

ですから、商売くささを感じる出会いは避けるべきです。異業種交流会などで名刺交換をしても、その場でいきなり自分の商材の話をするなどはもってのほかです。この人はすべてお金かと色眼鏡で見られてしまいますし、一度染みついた商売くささはなかなか取れないからです。もちろん、ビジネスのための異業種交流会であることはお客さまも重々承知でしょうが、物事には順序があります。順序とはマナーのことです。正式な社交の場でも、食事の作法やしきたりなどのマナーを守れない人は、野暮な人間として退場を余儀なくされます。

そもそも、相手の現状や必要なものも知らずに、一方的にセールストークをしても、それは暗闇で矢を射るようなものです。外れて当然で、当たればまぐれです。それがプロの営業だとはとてもいえません。

私は会ってすぐ仕事の話はしません。まず住んでいる場所、出身地、趣味の話などから始めて、お互いの共通点をじっくり探ります。そこで共通点が見つかれば、それだけでお互いの距離が縮まります。そうやって安心させてから、相手のニーズをじっくりと深掘りするのです。

もちろん営業に熱意は必要です。人は売られたくないといいながら、実のところ熱心に売られて買いたいと思っているのです。矛盾しているように思えますが、何も言われず料理を出されるのと、本当においしいからとにかく食べてみてくださいと熱心に言われて料理を出されるのとでは、食べたいと思う気持ちの強さが変わるのと同じです。これは返報性の法則にも関連します。そこまで熱心に言ってくれるのなら買おうと思うのです。

しかし熱意としつこさは紙一重で、相手の都合を考えずに売り込むのはもちろん後者です。そこを履き違えてはいけません。

ＧＮＰに頼るな

Ｇは義理、Ｎは人情、Ｐはプレゼントの頭文字です。親戚や会社の義理、友達付き合いや苦労話による泣き落としの人情、そして物で釣るプレゼントというやり方が、かつては営業の常套手段でした。

しかし核家族が当たり前となり、終身雇用制度も崩壊した今、親戚付き合いや会社への義理などは、もはやないも同然です。人情は一度くらいは通用するかもしれませんが、何度も使えるものではありません。プレゼントも、物が溢れて何でもネットで手軽に買える時代においては、よほど価値の高いものでないとインセンティブは働きません。

そもそもＧＮＰとは、売り込む前提で行われる戦術です。お客さまにとっては義理や人情、プレゼントによって営業されているという時点で、無理矢理売り込まれているという感覚を覚えます。そうなると商材自体がどんなにすばらしいものでも、ネガティブなイメージしか抱けません。それ自体が不幸な体験となってしまうのです。

そもそも戦術というものは時代とともに変わるべきです。例えば織田信長は、長篠の戦いにおいて、当時の最新武器である鉄砲をいち早く取り入れ、最強といわれた武田軍の騎馬隊を撃破しました。現代においても、ドローン技術を利用した監視や攻撃、サイバー攻撃による情報システムの破壊など、新しい戦術が次々と出てきています。

同じように営業戦術も時代とともに進化しています。ＳａａＳなどデジタル営業全盛の時代に、ＧＮＰは完全に時代遅れです。それなのにいまだにこのＧＮＰに頼っていたり、部下に推奨させたりしている営業職、会社が多いのには呆れ返ります。完全に思考停止といわざるを得ません。

ちなみに保険業で成功したければ「３Ｋを探せ」と言われます。保険業の３Ｋとは、①金持ち　②健康　③賢い　を指しています。①は当然として　②は健康でない人は契約できない可能性が高い　③は理解力が高いと契約にかかる時間を短縮できるからです。

「この人から買いたい」と思わせるには？

営業マンは基本的にどこにでもある商品を扱っています。もし、世界に一つしかない物を作って売っているのだとしたら、その人は発明家か芸術家です。しかし一般的な営業職が扱う保険や自動車や家などは、性能や価格の違いこそあれ、お金を出せば誰でも買えるものです。実際、同じ物を売っている営業マンは世界中にごまんといます。

そうした状況で、この人から買いたいと言わせるのは相当難題です。頼み込めば買ってくれるわけではないことは明白なのですから、ポイントは『北風と太陽』の寓話と同様、知らず知らずのうちに買いたいと思わせることです。

そのためには、外見や内面を磨くことも重要です。なぜなら服装や持ち物はその人の印象を左右するからです。例えば医者はたいてい白衣を着ていますが、見たところ問診に白衣は必要ありません。清潔感があり誠実そうな医者だという印象を患者に与え、この人の言うことならちゃんと聞こうと患者に思わせたいがために白衣を着ていると私は思います。Tシャツにジーンズのようなラフな格好の医者が「あなたは、がんなので手術が必要です」と言ったとしても信憑性が低いからです。

当然、営業マンも同じです。大切なお金を払っても惜しくないと思える印象を、お客さまに与えるのも初動の一つです。ヨレヨレのスーツはもちろん、いくらクールビズが推奨されているからといって、ノージャケット・ノーネクタイのラフな格好はいただけません。お客さまと信頼関係ができれば、どんな格好でも構いませんが、そうなるまではきちんとしたスーツにネクタイをするのがセオリーです。

ただし、仕事の服装は作業着であり、消耗品でもありますので、華美に過ぎたものはマイナスイメージを与えます。私のスーツはオーダーこそしますが、せいぜい上下で10万円くらいです。靴も1足7、8千円の品物です。1日履くとくたびれてしまうので、休ませるために3、4足をローテーションで履いています。時計もキンキラキンのものなどは、成金のイメージを与えるので避けたほうがベターです。かといってスマートウォッチはおすすめしません。スマート過ぎるからです。流行りに乗っているようで軽薄に見えます。

一方、鞄はなるべく良いものを持つべきです。営業で訪れたときに最初にお客さまの目に入るからです。資料や契約書をズタボロの鞄から取り出したら、お客さまは嫌な気分になるに違いありません。扱っている商材のイメージも下げることになります。できればショルダー付きで、ブランドはそこそこ手頃なものでいいと思います。ただし書類でパンパンに膨らませるのはみっともないです。仕事ができないイメージを与えるからです。自分の頭のなかに商品の知識がなく、不安だから資料をたくさん持ち歩いているという印象を与えます。私の鞄の中身はタブレットと白紙を挟んだバインダーだけです。資料をタブレットで見せながらお客さまに説明し、聞き取った内容をバインダーにメモするためです。

なお、異業種交流会のときなどには、私はあえて派手な有名高級ブランドの鞄を持っていきます。そうすると目立つので話しかけられやすくなるからです。

ビジネスパーソンの見た目の改善指導を行っている木暮桂子さんは、その著書『ビジネスという勝負の場は一瞬、しかも服で決まる』（ダイヤモンド社）のなかでこう述べています。「人はパッと何かを見たとき、一瞬にしてその裏にあるものを想像してしまう。最初におかしな印象をもたれてしまったら、挽回するのは極めて難しい。これを「初頭効果」という」と。まさに私の考えと同じです。だからこそ、服装や持ち物に気を配り、最初の印象を良くすることが、初動の極意として重要なのです。

どんなお客さまにも対応できるよう自分を磨け

身なりだけでなく中身も伴わなければ、「仏作って魂入れず」です。営業マンにとって磨くべき大事な中身の一つに「話術」があります。むろん口先だけで相手を騙すようなエセ話術ではありません。お客さまのニーズを引き出し、この人から買いたいと思わせる話術です。それは話し手の人格からにじみ出てくるものでなければ本物ではありません。

私が話術を磨くために日課にしているのは読書です。といっても1冊の本をじっくり読むのではありません。さまざまなジャンルの本、それこそ小説やビジネス書など、あらゆる本を、トイレや風呂、車、寝室など身の回りのさまざまな場所に置いておくのです。そして、そこにいる間だけ読むのです。短いときは3分ほどです。とても1回で1冊を読み切ることはできません。次に読むまで一定の時間が空くこともあります。普通なら前に読んだところを忘れてしまうのですが、私は長年この習慣を続けているので、ページを開いた瞬間、条件反射で以前読んだ記憶がよみがえってきます。だからすぐにその先を読み進めることができるのです。

これによって、どんなお客さまにも話題を提供することができるようになりました。さまざまなジャンルの本を同時並行的に読むことで、引き出しの数が増えたのです。

思わぬ効果もありました。記憶を引き出す速さが増したのです。例えば、突然お客さまから電話がかかってきても、声を聞いただけでそのお客さまの顔や素性、どんな保険に入っているかをすぐに思い出せるようになりました。これはちょっとした特殊能力だと私は思っています。お客さまは、営業マンが自分のほかに何百人もお客さまを抱えているなど思い至りません。たとえ分かってはいても、自分が一番のひいき客だと思い込みたいのです。そんなときに、どなた様でしょうか?などと言わず、〇〇様ですね、と即答することは、すなわち一流の初動術です。

初動のために時間を確保しておく

見込み客から急遽アポの時間が取れた、お客さまから突然相談をもちかけられた、そんなときにすぐ駆けつけられないようでは、一流の営業とはいえません。日頃からのタイムマネジメントも大事な初動の一つです。

私はお客さまや社員との連絡にＬＩＮＥを使っています。すぐにチェックできるし、返事も簡単だからです。メッセージを書く暇がなければ、絵文字でもＯＫです。いざというときは通話もできて、写真や資料も送れる、最強のビジネスツールです。

隙間時間の活用にも力を入れています。例えば、私は電話応対を車で移動している間にすべて済ませてしまいます。今はハンズフリー通話機能で、移動しながらでも電話することができます。ポイントは電話する時間を相手と決めておくことです。今日は夕方の5時まで打ち合わせがあるので5時10分頃に電話してほしいと事前に連絡します。つまり移動タイムは電話タイムに最初から充てておくのです。だから会社に戻ってくる頃には、1日の電話応対がすっかり終わっているという塩梅です。

二流の営業マンは、そうした隙間時間を無駄にします。たまに私の会社の若手営業マンの車に同乗しますが、カーステレオでヒット曲などを流して呑気に歌ったりしています。そんなときは、同じ口をパクパクするのならハンズフリーで電話をするほうがよほどお客さまとの接点がもてるとたしなめます。

自分の時間を確保するためには、他人の時間もコントロールする必要があります。つまり、相手に待たされて時間をロスするという状況をなるべく回避するのです。例えば保険営業の場合、お客さまに健康診断書や現在加入している保険の証券などの書類を用意してもらう必要がありますが、いざ行ってみると何も用意しておらず、忘れていましたと言われ、そこから探し始めるというケースがあります。そうなると我々は待つしかなく、お客さまの心証も悪くなり無駄な時間を過ごすことになります。そうしないためには、お客さまが自ら進んで行動するようにあらかじめ促す必要があります。

よく効くのはニンジンをぶら下げる方法です。健康状態に何も問題ないことが証明できれば保険料が3割引になりそうです、だから次にうかがうときまでに必ず用意しておいてください。こんなふうにお客さまに言っておくと、十中八九、次に行ったときには、必要な書類をきっちり用意してくれています。

一流の営業マンは打数ではなく打率にこだわる

なぜ初動を大事にするかというと、打率を上げるためです。打率ではなく打数で勝負、数打ちゃ当たると考える営業マンは二流です。なぜなら、営業一つするのにも時間や交通費、人件費などのコストがかかるからです。そう考えたら、当たらなくていい球など一つもありません。早く商談が成立すれば早く次のお客さまに軸足を移せます。その積み重ねが総売上につながります。だから一流は常に百発百中を狙います。

球が当たらないことは、コスト以上に大きなリスクを営業マンにもたらします。

まず、ダメな営業マンの烙印を押されます。商談が成立しないのは、お客さまはどこかに不満があったからです。それは、営業マンに対する不信感となって心に残ります。そうすると、二度と商談しないと思うだけでなく、あの保険会社はやめとけ、などと第三者に伝えてしまう可能性があります。まずいラーメン屋が評判を落として潰れてしまうパターンと同じです。

さらに球が当たらないと疲弊します。どんなタフな営業マンでも、お客さまから断られ続けると精神的にへこみます。私もごくまれに断られることがありますが、やはりいい気持ちはしません。精神状態が悪くなると、新しいお客さまを探そうというモチベーションが下がります。営業効率も下がり、やがて売上も下降するという悪循環に陥りかねません。

打率を上げるコツは、一つひとつ考えながら営業活動を行うことです。私の好きな格言に、「勝ちに不思議の勝ちあり、負けに不思議の負けなし」というものがあり、これはプロ野球の名選手、名監督だった野村克也さんがよく口にしたことで有名ですが、本来は江戸後期の平戸藩第九代藩主で剣術の達人でもあった松浦静山の剣術書の一文です。負けるときには何の理由もなく負けるわけがなく、試合中に必ず何か負ける要素がある。一方勝ったときでも負けにつながった要因があるかもしれないから慢心してはいけないという教えです。

同じく、営業で断られた場合にも必ず理由があります。大事なのは、その理由を分析して、次に活かすということです。理由が分からないまま営業を続けても、無駄撃ちになるだけだからです。だから、どうして断られたのかをしっかり反省し、翌日から心機一転して仕事に励んだほうがよほど効率的です。

見込みがないお客さま、あるいは相性が悪そうなお客さまを早く見極め、場合によってはこちらから断るということも打率を上げる秘訣です。何年か営業マンをしていれば、契約できるお客さまかがなんとなく分かるようになってきます。多くの営業マンが契約してもらいたいためにギリギリまで粘ろうとします。しかし、最初の段階で見込みがなさそうだと思ったお客さまが、終盤で急に見込みの高い優良顧客に変わることはまずありません。また、なんとなく嫌だなとか、ちょっと面倒くさそうだなと感じるお客さまとは、のちのちかなりの確率でトラブルが起きます。特に保険は品物がないビジネスなので、言った言わないが起こりやすいのです。今は消費者絶対有利の時代ですから、そうなったら営業マンに勝ち目はありません。トラブルが起きれば精神的にダメージを受けますし、処理のために無駄に時間を取られるため、トラブルの芽はなるべく早く摘んでおくに限るのです。

大事なのは、どれだけ良いお客さまをもつかということです。良いお客さまと良い信頼関係を築き、ずっと更新し続けてもらえれば、新しく契約を獲得するのと同じ結果が得られます。さらにそのお客さまから、新しいお客さまを紹介してもらうことも期待できます。だからこそ1打席を大事にして、打率を高める努力が必要なのです。

ちなみに私は、「嫌なお客さまとは契約しない」と、これから契約するお客さまの前でわざわざ言います。そうするとお客さまはにっこり笑って、じゃあ私のことは嫌いではないのですねと返してきます。こんなやり取りができるのも、初動の段階でお客さまを選り好みしているからです。

第3章

【初動の営業術①】

「話を聞きたい」と思わせる〝サプライズ名刺〟

SNSも駆使し、顔が見える営業マンとしてセルフブランディングする

ＳＮＳを活用する

こちらからではなく、相手から商談に来てほしいと言わせるには、セルフブランディングが欠かせません。つまり、自らをより良く見せるということですが、そのための格好のツールがＳＮＳです。ＳＮＳへの投稿やつぶやきを通して、好印象なイメージを商談する前からつくり上げるのです。いまや大手企業や芸能人、政治家なども、マーケティングツールとして活用しています。

ＳＮＳの最大のメリットは、そのようなセルフブランディングに役立つと同時に、お客さまとの接点もつくれるところです。広告やＣＭは見て終わりですが、ＳＮＳは直接つながることができて、双方向で連絡を取り合えるのです。

しかも、そのほとんどが無料であり、世界中の多くの人が利用しています。ＩＣＴ専門の独立系調査会社のＩＣＴ総研が実施した「２０２２年度ＳＮＳ利用動向に関する調査」

● 日本におけるSNS利用者数

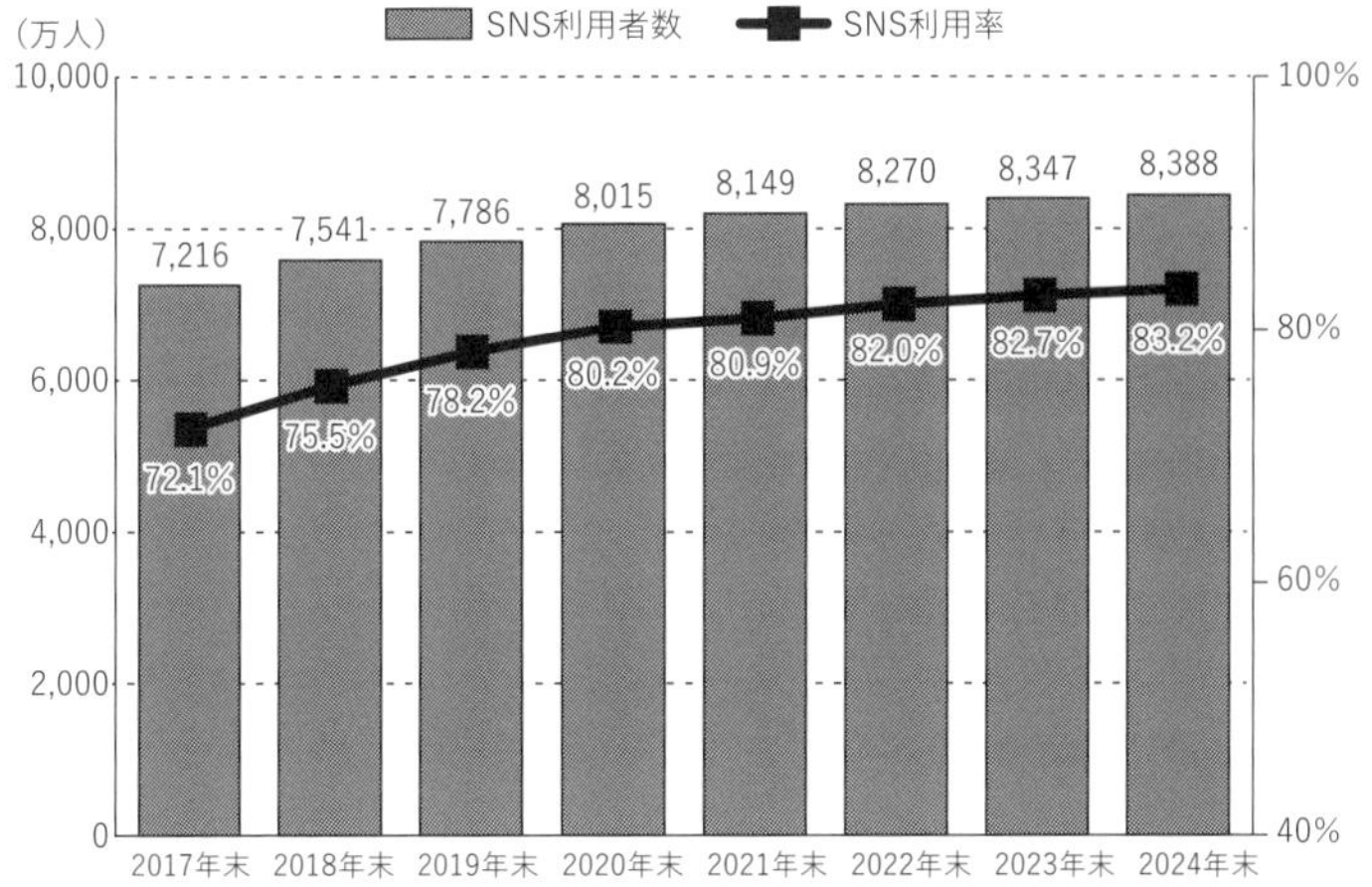

※SNS利用率はネット利用人口に対するSNS利用者の割合。
（2021年末のネット利用人口は1億78万人と推計）
出典：ICT総研「2022年度SNS利用動向に関する調査」

によると、日本のＳＮＳ利用者は８２７０万人を超えています。普及率は82％ですから、日本人の８割以上がＳＮＳを利用していることになります。まさに情報の宝庫です。初動において、これを活用しない手はありません。

では、ＳＮＳのうち、どれが最も営業マンにとって優れたツールなのか、見極めるためにＳＮＳの利用率の内訳を見てみます。総務省の「令和３年度情報通信メディアの利用時間と情報行動に関する調査報告書」

● 主なソーシャルメディア系サービス／アプリ等の利用率（全年代）

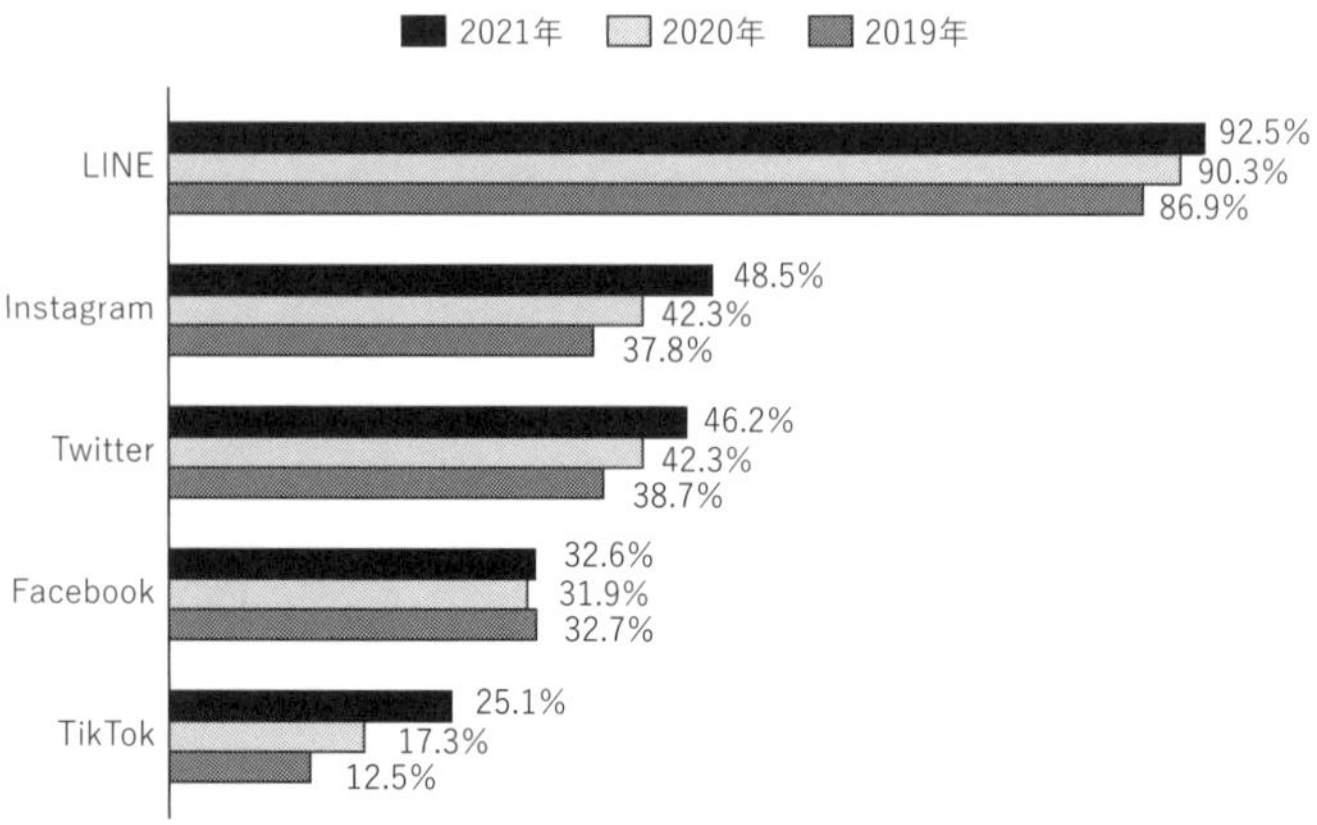

出典：総務省「令和3年度情報通信メディアの利用時間と情報行動に関する調査報告書」を基に著者作成

によると、全年代でサービス利用率が最も高かったのはＬＩＮＥでした。実に92・5％にも上ります。そこにＩｎｓｔａｇｒａｍが48・5％、Ｔｗｉｔｔｅｒが46・2％で続きます。そしてＦａｃｅｂｏｏｋが32・6％、ＴｉｋＴｏｋが25・1％となります。

　利用率だけを見ればＬＩＮＥが圧倒的に多いのですが、サービスごとの利用者層を見てみると、我々営業マンが注目すべきはＦａｃｅｂｏｏｋです。同じ総務省の調査によると、10代～60代の男性利用率が34・1％、女性利用率が31・0％と非常にバランスがいいのが特徴です。年齢別では30代の利用率が45・7％と最も高くなっていて、次に多いのが40代の41・4％です。ほかのＳＮＳに比べて10代の利用率は低いのですが、代わりに20代〜50代のビジネス層の利用が多いことが分かります。ちなみにＩｎｓｔａｇｒａｍは10代・20代の女性が多く、Ｔｗｉｔｔｅｒも10代・20代が中心です。ＬＩＮＥはすべての年代でまんべんなく利用されていますが、どちらかというとグループ内での連絡に使われるツールで、お客さまの情報収集には向いていません。

　Ｆａｃｅｂｏｏｋは自分の顔を出して実名であることも大きな利点です。そこに投稿してある内容は基本的に事実だとみなされ、それが投稿者にダイレクトに紐付けられるからです。これはセルフブランディングにとって重要な要素です。匿名が基本のＳＮＳでは信憑性が相対的に低くなるからです。実名だとリアルで知り合った人の名前を検索することもできます。私は名刺交換をすると、その人の名前をＦａｃｅｂｏｏｋ内で検索するのですが、かなりの確率でヒットします。大学や出身地などでも検索できるので、「同じ地元の○○です。社長のことをＦａｃｅｂｏｏｋで拝見しました。ぜひお会いしたいです」とメッセージを送ってつながることもできます。

● 主なSNSのユーザー層と特徴

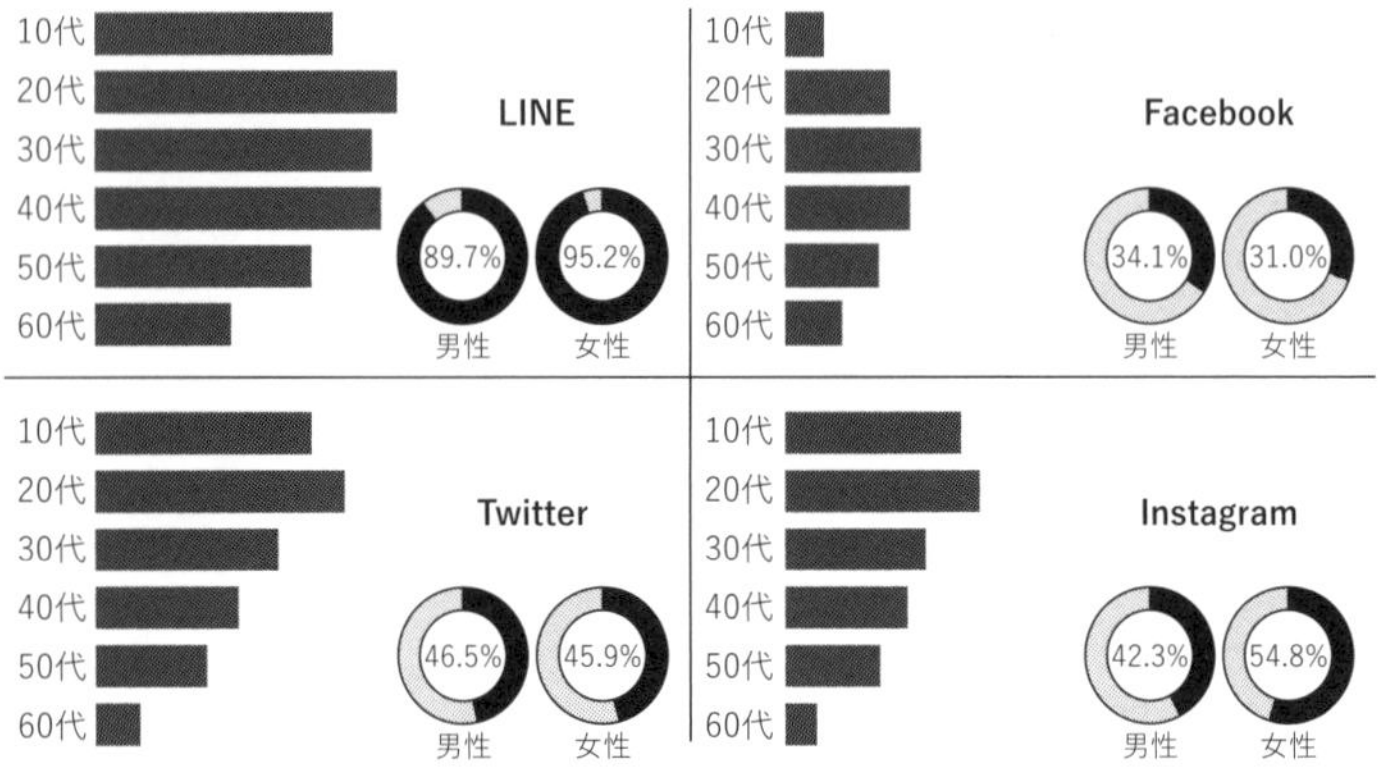

出典：総務省「令和3年度情報通信メディアの利用時間と情報行動に関する調査報告書」を基に著者作成

さらに私はこんなふうにも使っています。地域の経済レポート誌があるのですが、そこには社名・業種・代表者の名前が載っています。それをＦａｃｅｂｏｏｋで検索するのです。かなりの確率で名前が出てきます。先日も、経済レポート誌に載っていた士業の方をＦａｃｅｂｏｏｋで検索したら、「事務所をリフォームしたい」と投稿していました。そこですかさず、〇日の経済レポート誌を拝読しました。事務所をリフォームされたいのですね。私は保険の営業をしていて、リフォーム会社の知り合いも多くいます。お役に立てることはありませんか？とメッセージを送ったのです。すると自分のことが書いてあるレポート誌を読んでくれたこと、情報を提供しようと申し出たこと、どちらにもとても喜んでくれて、すぐに面会することができました。

富裕層をつかまえたければ、高級車のグループを検索するのがおすすめです。投稿しているのはだいたいお金持ちだからです。そこに、フェラーリの○○に乗っている中泉という者です。今度ツーリングを企画していますがどうですか？とメッセージを送ると、大概喜んで返事をくれます。

そのようにして縁をつないだお客さまはたくさんいます。ＳＮＳはお互いにつながることを目的としたツールなので、よほど失礼な対応をしなければだいたいの人が「友達」になってくれます。

なお、Ｆａｃｅｂｏｏｋで友達になった人とは、さらに個別にＬＩＮＥでつながるようにしています。個別の連絡にはＬＩＮＥのほうが便利ですし、たまにＬＩＮＥしかやっていないという人もいるからです。そして、さらにＬＩＮＥのグループに招待します。そこで投資に役立つ情報などを定期的に投稿して、つながりをキープしています。そうやって見込み客をたくさんつないでおくと、いざというときに役に立つのです。

まずは自己開示

営業職におけるＳＮＳ活用の第一歩は、自分をさらけ出す、つまり自己開示することです。なぜなら得体の知れない人からは物を買いたくないと思う一方、顔見知りからは積極的に買いたいという心理が働くからです。したがってＦａｃｅｂｏｏｋでは可能な限り自己開示するのがコツです。仕事の投稿は堅苦しくなるのでふさわしくありません。あくまでもプライベートについて投稿するのがおすすめです。かわいらしい犬やおいしそうな料理の写真には、誰もが思わず目を留めるからです。また、この人にはこんな一面もあるのかと意外性を感じてくれます。ギャップ萌えというやつです。そのうえで、一流の営業マンは自分の印象を良くする投稿を意図的に行っています。保険会社の表彰式なども非常に効果的です。また、母親を連れて旅行に行った投稿もよくしていました。ベタですが親孝行者に悪い人はいないというイメージがあるからです。趣味の投稿も定番で、効果抜群です。人が楽しいことをしている様子は、見ているほうも楽しい気分になるからです。私は夏になると、もっぱら釣りの投稿をします。これを楽しみにしてくれているフォロワーも多いので、個人的にも張り切っています。趣味と実益を兼ねているのです。

デキる営業マンは高級車に乗っている

あとはなんといっても車です。中途半端な車だと自慢やマニアックな趣味にしか映らないのですが、私が所有している車は「フェラーリ」と「ランボルギーニ」という、誰もが知る超高級スーパーカーです。ここまでくると、誰もがすごいと素直に注目してくれます。

ちなみにお金をかけるなら高級腕時計より高級車です。例えばロレックスは数十万から買えますし、海賊版も出回っています。しかしフェラーリは中古でも一千万を切ることはほとんどありませんし、海賊車もありません。信頼の証しとしてこれ以上のものはないと私は考えます。

ちなみに、こうした高級車自慢をしたくない人もいて、とある老舗の団子屋の御曹司はポルシェのオープンカーを所有しているのに普段は地味な国産車に乗っています。庶民的な団子のイメージを損ないたくないからです。しかし私は、営業マンは堂々と乗るべきだと考えています。それは、またとないイメージアップだからです。な

事務所に飾られている賞状やトロフィーの数々

実際に著者が所有している2台。
高級車はお客さまに安心感を与える

ぜなら、ボロボロの安い車に乗っている営業マンに、大事なお金を預けたいとは思わないからです。下手をすれば金に困って持ち逃げされそうだと心配されます。でも私のように高級車を乗り回している営業マンならそんな心配はいりません。お金などあり余っているように見えるからです。だから安心して相談してくださいというメッセージになるのです。

紹介したくなる人とは？

紹介による人脈も非常に有効です。あの人の紹介であればという安心感が生まれ、確実に会ってくれるからです。そのためには自分が「紹介したくなる人」でなければなりません。

そのためには、まず「自分から紹介する」ことです。その見返りに人を紹介してもらうのです。いわゆるギブ・アンド・テイクです。先日、こんなことがありました。知り合いのホテルオーナーから電話がかかってきたので話を聞くと、国が農泊というものを始めようとしているから農業をやっている人を紹介してほしいと言うのです。ちなみに農泊とは農村や漁村に宿泊し、滞在中に農業体験やその土地で採れた食材を楽しむ農山漁村滞在型旅行のことです。その受け皿となる体験や食材を提供してくれる農家とつながることで宿泊客を呼びたいという狙いです。もちろん私は農業の専門家でもありませんし、日頃から農家の知り合いが多いとは一言も言っていません。しかし、「あなたに聞けば分かると思った」とまで言われて意気に感じない私ではありません。私のもっている人脈をフルに駆使して地域の農家を紹介しました。当然、時間も手間も掛かりましたが、そうしたギブの積み重ねがいざというときのテイクにつながるのです。

もう一つは、「紹介しやすい肩書き」をもつことです。単にあの人はいい保険営業マンと言われるだけでは、紹介された人はいまいちピンと来ません。しかし、「オリックス生命の営業日本一でフェラーリに乗っている保険営業マン」であれば、はっきりとイメージが湧き印象に残るはずです。日本一はもちろん、フェラーリに乗っている保険営業マンはめったにいないからです。紹介するほうも話のネタになるからと気軽に紹介してくれます。そのような肩書きを自らつくるのです。

肩書きは探せば誰にでもあるはずです。〇〇支店で売上トップだとか、新人でナンバーワンとかで構いません。大事なのはそうした肩書きを至るところで話したり、ＳＮＳなどで発信したりすることです。そのときは何もアクションが起こらないかもしれませんが、いざというときに思い出してもらえる可能性があります。これも立派なセルフブランディングの一つです。

異業種交流会には自ら飛び込め

紹介と並ぶもう一つの有力な人脈獲得術が「異業種交流会」に出席することです。農業をやっている人を紹介してほしいと電話してきたホテルのオーナーは、スーパーカーの集まりで知り合った人です。これも広い意味での異業種交流会です。

ほかにも世の中にはさまざまな趣味をもつ人やビジネスパーソン向けの集まりがあります。キャリアアップやビジネススキル向上を目指すセミナーでもいいですし、ビジネスコミュニティが主催するイベントでも構いません。アフターファイブやランチタイムに開催されるネットワーキングを目的としたイベントも良いです。ポイントは、異業種の集まりということです。同じ業界の仲間とだけ交流していても人脈は絶対に増えません。なぜなら、同じ業界の人脈は、いつかどこかでつながってしまうからです。

常に新しい人脈を獲得したければ、なるべく異なった業界の人たちと関係性をもつことです。私はＬＩＮＥグループをつくって、定期的にオフ会を開いているのですが、同じ面子ではマンネリになります。そこで異業種交流会で出会ったさまざまな業界の人たちを積極的に呼び入れて、活性化を図っているのです。その結果、思わぬつながりが生まれて、さらに新しい人脈が生まれることも多々あります。そうした新陳代謝は見込み客づくりに必要不可欠です。

見込み客は養殖の魚に例えられます。出荷（成約）したら数は減りますので、常に補充しなければなりません。供給元としてうってつけなのが異業種交流会なのです。さまざまな魚が泳いでいるのでよりどりみどり、まれに富裕層という名の大物が網にかかることもあります。そういう魚が増えれば増えるほど養殖池、つまり自分のキャパも大きくなり、売上も増えていきます。そのように自分の器を大きくするためにも、さまざまな異業種交流会に出席することは大事なのです。

異業種交流会でもギブ・アンド・テイク

異業種交流会で、手当たり次第に声を掛けて名刺を配り、とにかく自己ＰＲに夢中になっている人をよく見かけます。せっかく人が大勢いるのだから、より多くの人に自分を印象づけようと必死なのです。そういう人を見ると、何たる労力の無駄かと呆れずにはいられません。そういうことをすればするほど、相手の心は離れていくからです。

自分のことばかり話す自己中心的な人は、相手のニーズや感情を無視し、自分の利益や欲求のみを優先させる傾向があります。こういう人と話していると、人間はストレスや不快感を抱くようになり、逆に喜びや充実感を得られなくなります。また強引に言い寄られると、人は自分の意思が無視され、自由が制限されていると感じてしまいます。その結果、相手に対して嫌悪感を抱いてしまうのです。合コンでは、自分のことばかり話す人や強引過ぎる人はモテないのと同じです。

そうならないためには、やはりギブ・アンド・テイクの精神で挑むことが肝心です。まずは情報を与えて、テイクはあとから取ればいいと割り切るのです。例えば異業種交流会の冒頭で、自己紹介として簡単なスピーチを順番に行うことがありますが、そこでも自分の自慢話や仕事の話を延々とし続けるのはNGです。大事なのはそこにいる人たちの関心がどこにあるのかを見極め、彼らが欲しい情報を話題のなかに入れ込むのです。

私は保険について売り込むのではなく、保険の仕事をしているから豊かな人脈があるとアピールします。ビジネスマンなら誰でも人脈が欲しいはずですから、向こうから名刺交換をしにやってきます。まずは情報という餌をギブすることによって、魚が食い付いてくるのを待つのです。

私がここまで人脈づくりに熱心になったのは、38歳で印刷業界から保険業界に転職したのがきっかけです。転職の理由は、当時勤めていた印刷会社の社長と衝突し、辞めざるを得なくなったからなのですが、そのときまで、まさか自分が別の業界に転職するなどとは露ほども思っていませんでした。また、印刷会社時代の私は、営業の本質を分かっておらず、人脈をつくることにもまったく興味をもっていませんでした。ですので、辞めたときはほとんど人脈ゼロの状態でした。

その結果、保険営業を始めたときは、一から人脈を築かなければなりませんでした。それは本当に大変なもので、怠惰だった自分を恨みました。もし印刷会社の営業時代に、自分を軸とした人脈をつくっていたら、もっと転職は楽だったはずだし、もっと成長できていたと思うからです。そして、もっと早く会社を設立し、もっと早く日本一になって、今以上に稼いで、あと2～3台はランボルギーニを買えていたはずです。私が人生のなかで唯一後悔しているのは、転職前にちゃんと人脈をつくってこなかったことです。だからこ

● 社名、名前、肩書、住所、電話番号しか書いていない名刺

サンプルオフィス

三振太郎《さんぷるたろう》

ファイナンシャルプランナー

２級ファイナンシャル・プランニング技能士

サンプル生命

〒000－0000　東京都新宿区○－○○－○○○　○○ビル３階

TEL：00－0000－0000　FAX：00－0000－0000

URL：https://oooooooo.com/

出典：著者作成

れを読んでいる営業マンには、今見えているものだけでなく、しっかりと先を見据えて行動してほしいと言いたいです。

もう一度読みたいと思う名刺以外は紙くず

自分の名刺をじっくりと見てください。そこにどんな情報が書かれているでしょうか。おそらく社名、名前、肩書き、住所、電話番号、メールアドレスぐらいのものだと思います。たまに顔写真や会社のロゴ、イメージキャラクターが印刷されていることもありま

すが、それだけで、名刺の主がどんな人柄で、どんな仕事をしていて、どんな実績があるか、思い出すのは難しいと思います。異業種交流会でその日初めて会った人ならなおさらです。

社名、名前、肩書き、住所、電話番号だけの殺風景な名刺を配る人は、どれだけ自分に自信があるのだろうかと、むしろ感心してしまいます。イチローや大谷翔平などのスターならまだしも、一般の人間で、名前や肩書きだけで通用する人は非常にまれです。しかも、会社名や肩書きといった看板は、いつなくなるか分かりません。いまや転職は当たり前ですし、会社が潰れるかもしれないからです。

特に営業マンは、会社ではなく「自分の顔」で勝負すべきです。そのためには、受け取った瞬間に大きなインパクトを与え、あとからじっくり読み返したくなるような名刺を持つべきです。そうではない名刺は、ろくに読まれもせず、名刺入れの中か、ゴミ箱に直行するだけです。それは紙くずと同じです。

そうではなく、じっくりと読みたくなる名刺の作り方を、私の名刺を例に解説します。保険業とコンサルタント業の2種類の名刺です。

保険業の名刺

コンサルタント業の名刺

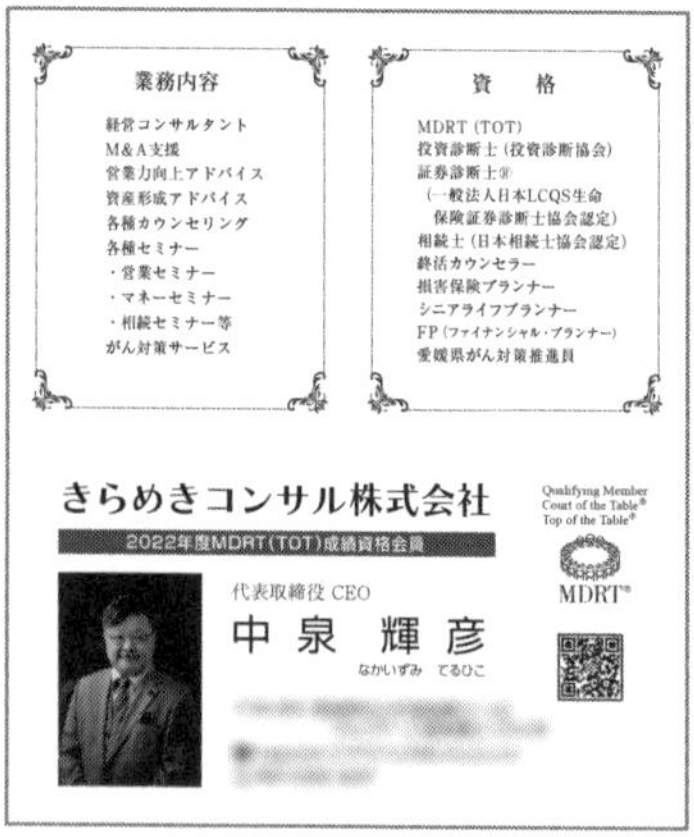

プロフィールの下には雑誌のインタビュー記事を掲載

どちらも二つ折りで、４面全部にぎっしりと情報を載せています。そのときの最新の情報を伝えるために、定期的に内容を更新しています。私は保険業とコンサルタント業を生業としていますが、名刺の内容はそれぞれ変えています。

まず、保険業の表面（おもてめん）ですが、この営業マンから保険を買っても大丈夫だという安心感を与えることを第一に考えています。会社概要には設立した時期や資本金、自社社屋があることを記しています。また私が請け負える相談内容も載せています。料理店でいえばメニュー表です。相手が、自分の悩みは果たして相談できるのだろうかということを、ここを見て考えられるわけです。契約数や賞などの実績、車椅子の寄付など社会貢献活動についてや、フリーダイヤルも記しています。お客さまがすぐに問い合わせができるようにするためです。

コンサルタント業の名刺の表面は、この会社になら何でも相談できそうだという信頼感を与えることを重視しています。保険業のものと違ってフリーダイヤルもありませんし、色も落ちついています。高級感も漂っているはずです。

裏面には、どちらもプロフィールと、保有している資格の一覧、雑誌などに取り上げられた実績を載せています。

またプロフィールの部分には、共通して趣味・職歴・活動について書いてあります。ちなみに趣味は名刺を受け取った人に共通項探しをしてもらい、職歴は私のヒストリーを知ってもらうのに役立ちます。活動はこれまでの実績です。

自慢できる資格や賞なども時系列で並べます。これに加えて保険業の名刺には資格、コンサルタント業の名刺にはフェラーリ・オーナーズクラブに所属していることを記しています。なお、コンサルタント業のほうは、富裕層のお客さまと名刺交換をすることが多いので、メディア掲載としてニューズウィーク誌で紹介された記事を転載しています。富裕層に愛読者が多いからです。

保険業の名刺に特徴的なのは、ＭＤＲＴについて書いてあることです。ＭＤＲＴとはMillion Dollar Round Tableの略称で、１９２７年に発足した生命保険・金融プロフェッショナルの組織です。世界中の生命保険と金融サービスの専門家の約７万２０００人以上が所属する独立したグローバルな組織として、５００社70カ国で会員が活躍しています。

こうした箔付けが、いざというときにお客さまの背中を押してくれるのです。

最も注目してほしいのが、それぞれの名刺の裏面のいちばん下に書いてあるキャッチコピーです。「努力した人が必ず成功するわけではない。ただし、成功者は必ず人より数倍の努力をしている」という言葉以外は、保険業とコンサルタント業ではキャッチコピーは異なります。

保険業のほうは「学歴なし人脈なしからの保険営業を成功すべくAM6時30分出社を心掛けています。大丈夫！ あなたには『かがやき』がいます」。コンサルタント業のほうは、「熱意なき成功は偶然。熱意ある成功は必然。金融資産5億円の作り方教えます!!」。それぞれのお客さまに刺さるワードは異なります。ここには、自分自身が営業において最も大切にしているモットーを書き込んでください。言葉は「言霊」というぐらいなので、良い言葉は相手の魂を揺さぶります。

さらに、デザイン面でも細かい工夫を凝らしています。これ以前の名刺は、文字が小さくて読みづらく、何を知ってほしいのかが分かりにくい、またどこに何があるのかまとまりがないという欠点がありました。そこで、ユニバーサルデザインフォントを使うことによって小さい文字の視認性を高くして、一文字一文字を見やすいように調整しました。また項目ごとの行間を広くすることで内容のまとまりを把握しやすくしました。配色にも気を配り、全体の統一感を図るとともに、言葉とマークが示すものを同じ色にまとめました。そのうえで使用色を減らすことで、見る人が色に気づき、目をそこに誘導する工夫をしています。さらにレイアウトのなかに空間をつくることで、目が色をとらえやすくなるようにしています。そして、プロフィール写真の縦横の長さを変更し、美しく見える比率にしました。地図の道の太さやカーブなどにも細かい修正を加えています。

ここまで凝れとはいいませんが、せめて二つ折りにして、自分の情報を目一杯盛り込むことぐらいは、すぐにやってほしいものです。

二次元バーコードを付けて
ＳＮＳへと誘導する仕組みをつくる

二次元バーコードが1枚に複数入っているのも、私の名刺の特徴です。会社のホームページやインタビュー映像が見られるサイトに飛ぶようにしていますが、それらをお客さまに検索して見てくれと言うのはおこがましいし、ＵＲＬだけ書いてあっても絶対に入力しないからです。ちなみに二次元バーコードがあると、人は条件反射で読み取りたくなるそうです。

いくつかある二次元バーコードのうち、自分の顔写真のそばにあるのは、個人のＬＩＮＥのＵＲＬです。これは会社ではなく、私個人とつながってほしいというメッセージです。営業マンは自分の顔で売るというのが基本です。スマホ同士で交換してもよいのですが、まだ親しくもないのにいきなりＬＩＮＥを交換してくれと言うのは少々はばかられます。しかしこのように名刺に二次元バーコードを付けておけば、あとでＬＩＮＥに追加してくださいと一言添えるだけで済むのです。

相手の心をつかむ名刺交換術

名刺交換をするやいなや、相手の名刺をろくに見もせず、すぐに自分の営業トークを始める人がいますが、そういう人が商談で成功するとはとても思えません。相手の立場としたら、この人からは一方的に商品やサービスを押し付けられるだけで、決して自分の得にはならないと思うはずだからです。

名刺交換においてもギブ・アンド・テイクの精神が大事です。まずは相手に対して何ができるのかを考え、かつ、そう考えていることを相手に感じさせることが重要です。

私は名刺をもらったらすぐにしまわないで、相手の名前を読み上げるようにしています。名前が読みにくい漢字の人も多いので、その確認の意味もあります。

また、名前を丁寧に確認することで親しみやすさを感じてもらえます。これはネームコーリングという心理効果で、相手に興味をもっていることが伝わります。この人は自分に関心をもっていて、何かを提供してくれるに違いないと思わせるのです。

なお、名前の読み方を確認したら、すてきなお名前ですね、と付け加えることも忘れません。そう言われて悪い気がする人はいないからです。そして時間があれば、親御さんはなぜこのお名前を付けたのかと聞くのも有効です。そうすると多くの人が喜んで話してくれます。名前には必ず由来があり、その人の生い立ちを知る貴重な手がかりになるからです。

名前以外にも、私は必ず業種を聞くようにしています。例えば鈴木産業とあっても、どんな業種か分かりません。そこでどんな仕事をしているのか聞くことが、会話の糸口になるからです。もし建設会社だということが分かったら、どこに何を建てたのかなど詳細を聞いていきます。ちなみに自社のモデルハウスの展示会があると聞いて、後日そのモデルハウスに顔を出したら、相手がとても喜んで、火災保険のお客さまを紹介してくれたこともあります。

なぜ名刺交換のときにそこまで聞くかというと、あとで聞き出すのは大変だからです。例えば、何日か経ったあとに電話して、おたくの会社の業種は何ですか？と聞いたら教えてくれるでしょうか。この営業とは付き合わないようにしようと思うはずです。

だから最初に聞くのです。名刺交換こそ最大の初動だと心得てください。それなのに、ただただ名刺集めに夢中になっている人があまりにも多過ぎます。名刺は集めるためにもらうものではなく、活用するためにもらうものです。

ちなみに、日本で1年間に印刷される名刺の数は何枚かというと、約１００億枚です。つまりそれだけの名刺が、１年間にやり取りされているのです。その１００億枚のうち、チャンスをつかんでいるのは何枚か。そう考えれば、やるべき行動は自ずと分かるはずです。

ところで、渡し方と受け取り方にも方法論があります。まず、私は同時に交換せず、お先に頂戴しますと言って、相手の名刺を受け取ります。その際、自分の名刺は名刺入れの下に隠すように持ち、自分の名刺入れの上に相手の名刺を置くようにしてもらいます。そして自分の名刺を渡したら、名刺入れの上に相手の名刺を置いた状態で相手の名前を読み上げます。詳しいやり方をイラストにしましたので参考にしてください（98～１０１ページ）。

こうした作法を時代遅れだという人もいますが、単に礼儀作法として行っているわけではありません。自分が丁寧に名刺を受け取ることで、相手も同じように時間をかけて受け取ってくれます。その間は、相手と1対1で向き合うこともできます。じっくりと相手との共通項を探したり、潜在的なニーズを聞き出したりすることに集中できます。こんな機会はめったにありません。それこそ、最初の名刺交換のときだけ。まさに初動です。

であればこそ、受け渡しの動作そのものも、エレガントに見せたいものです。しかし、相手に好印象を与える名刺交換ができる人は多くはいません。何年か前にオリックス生命の表彰大会で、成績優秀な営業マンたちと名刺交換をしましたが、私のやり方に皆驚いていました。それほど私の名刺交換方法は特別なのです。ちなみにそのうちの一人はすぐに真似て、しかも「営業で一番の方はこうやって名刺交換をしているんですよ」と話すそうです。そうすると話が盛り上がり、商談もうまくいくのだとか。さすが一流の営業マンは新しいことを取り入れることに貪欲です。要は、心に残る名刺交換ができれば、それだけ競合相手に初動で圧倒的な差をつけることができるのです。

名刺交換の作法

step1

名刺入れの間に名刺を挟んでおく。
名刺の向きは背側を下に。

step2

相手の目を見て、「はじめまして」と挨拶。
そのあと一礼。

step3

相手の目を見ながら「私、○○会社の△△と申します」とフルネームで名乗る。
挟んであった名刺を横から取り出し両手で持つ。

step4

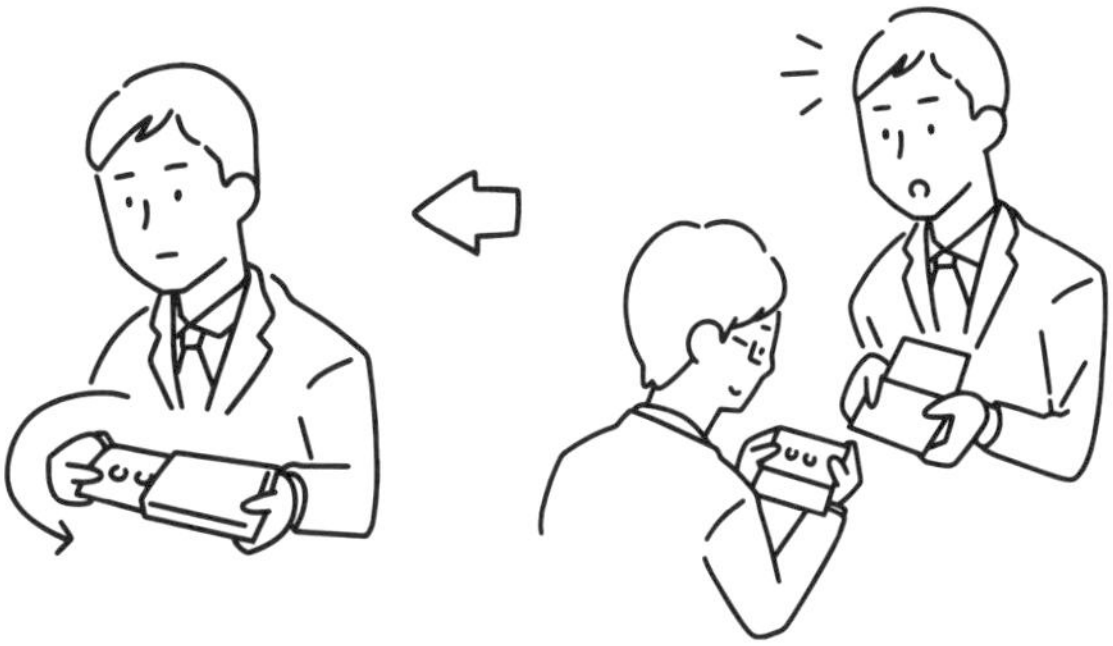

自分の名刺はいったん名刺入れの下に下げる。

step5

相手の名刺を両手で受け取る。

step6

相手の名刺を名刺入れの上に載せる。

step7

下げていた自分の名刺を出す。

step8

相手に取ってもらいやすい位置に
両手で差し出す。

第4章

【初動の営業術②】「来てほしい」と言わせる鬼の手紙戦術

飛び込みは論外！　徹底した筆まめでアポ率100％を達成する

営業マンは筆まめであれ

お客さまが営業マンと会いたくなる雰囲気づくりは、ＳＮＳなどを使ったセルフブランディング、印象に残る名刺交換といった初動から始まります。

しかし本格的にギアを入れるのは、名刺交換をした翌日からです。まず行うのは、お礼のハガキを出すことです。私は誰かと会って名刺交換をしたら、早ければその日の夜か、遅くとも翌日の午前中には、ハガキに一筆書いて郵便ポストに投函しています。そのため、手紙セットは常に持ち歩いています。

いきなりアナログな方法を紹介して拍子抜けしている読者もいるかもしれませんが、これはなかなか効果的なのです。ペーパーレスかつＳＮＳでつながれる時代だからこそ、手書きのインパクトは増しています。ＳＮＳは私も駆使していますが、いざというときは手書きです。基本的に手書きのハガキや手紙をもらって悪い気がする人はいませんし、それどころか自分は大切にしてもらっていると感動し、書き手に対して信頼感情が生まれることも往々にしてあるからです。そうした手書きのハガキの効能をよく理解し、活用している経営者は多く存在します。

一人例を挙げるとすれば、ダスキンの代理店や経営サポート業を営む「武蔵野」（東京都小金井市）という会社の小山 昇社長です。小山社長は、仕事の合間にハガキに文面を書くのが日課だそうです。全従業員に早い段階からタブレットを支給するなど積極的にITを活用してきたカリスマ経営者としても知られていますが、ハガキは宛名まで手書きにこだわるそうです。小山社長はその手書きのハガキを、社員やその家族、取引先の社長に送っています。時には社員の叱咤激励に使うこともあるそうです。例えばある日、社員の自宅に「犯罪者だ！」と書かれた物騒なハガキが届きました。何事かと思って読んでみると、「○○さんは、ものすごい能力に恵まれているのに、その能力を活かしていない。ここまで来ると犯罪者だ！」と書いてあります。痛烈だけれども、心を揺さぶられるメッセージです。これを読んでやる気にならない社員はいません。これがもしメールで来たら違った印象をもつはずです。ハガキは手紙と違って第三者の目に触れるからです。小山社長が、成績不振で降格された社員の自宅に「○○さんは降格になりましたが、すぐにＡ評価を取って、再び部長に戻ってもらいたい。家族も応援してあげてください」というハガキを送ったときも、それは計算のうちでした。読んだ社員の妻は「すぐに戻れるんでしょ。頑張れば」と励ましてくれたそうです。これも手書きのハガキだからこそです。

　同じように、名刺交換をした翌日に、手書きのハガキが届いたらどう感じるか、想像してみてください。丁寧に手書きで書かれたハガキが届いて、それを家族や同僚が見たら、その人に一目置くはずです。それほどの効果が手書きのハガキにはあるのです。だから積極的に利用しない手はありません。私もハガキは宛名まで手書きです。字は汚くてよいのです。郵便配達の人が読めて、受け取った人に丁寧に書いたことが伝わればＯＫです。

　使うのは決まって黒と赤の2色の筆ペンです。赤を使うのは伝えたい部分を強調するためです。例えば「すてきなご縁」とか「出会感謝」という言葉を赤字で書きます。赤は非常に印象に残る色だからです。

筆ペンはコンビニに売っているごく普通のものです。昔は少し気取ってガラスペンで書いていましたが、それだと硬い字になってしまうのでやめました。何も考えず、パッと勢いで書けるものがいいのです。

私は若い人にこそ筆ペンを勧めます。なぜなら筆ペンだと、なんとなくすごいことが書いてあるような印象を与えるからです。それにギャップが面白いと思います。普段はスマホを自由自在に操るZ世代から、毛筆の渋いハガキが届いたらインパクト抜群です。相手が年配であればあるほど好印象を与えるはずです。取引先に富裕層や年配の人が多い某有名証券会社では、若い社員に筆ペンでハガキを書かせているそうです。

なお、私がお礼のハガキを書き始めたのも、保険の営業を始めた38歳のときです。その頃は人脈がなかったので、営業しに行く先がありませんでした。その分時間は山ほどあります。常にハガキを持ち歩いて、時間が空くとコツコツ書いていました。名刺交換をしたらすぐにお礼のハガキを書いて、帰りがけにポストに投函していました。そうすれば早ければ翌日には届きます。

これは相当インパクトが大きかったと思います。昨日会った保険会社からもうハガキが来たと感じるはずです。印刷会社の営業をやっていた頃は、そんなことをやろうとも思いませんでした。ルート営業で決まった取引先を回っていればよかったからです。しかし保険の営業は自ら新しくお客さまを探さなければなりません。今までのやり方では仕事にならないと、すぐに気づきました。しかしなりふり構わず当たって砕けろではお客さまに嫌われるだけです。効率も悪いから疲弊もします。なんとか手軽にお客さまに好印象をもっ

お客さまの心をつかむ感謝のハガキ

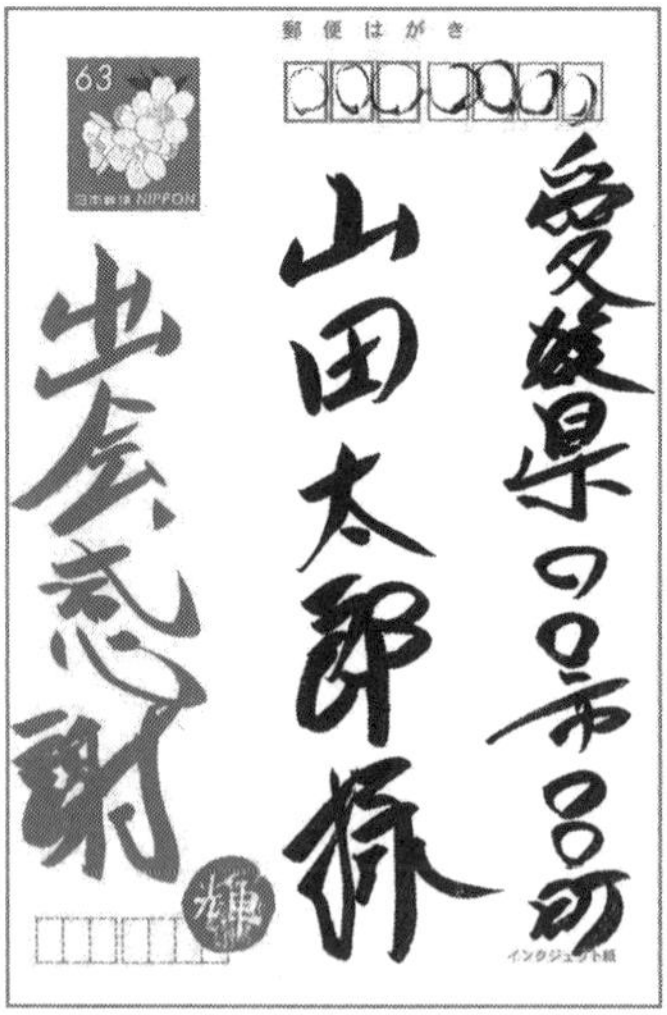

てもらう方法はないかと編み出したのがこの手書きのハガキです。私にとっては二つ折り名刺と並んで懐かしくもあり、初動の基本でもあるテクニックなのです。

いきなり電話はしない

手書きのハガキで印象づけたら、いよいよアポを取る段取りです。しかしいきなり電話をするのは、今の時代NGです。SNSなどいくらでも連絡手段があるのに、いきなり電話をかけるのは、相手の貴重な時間を奪う時間泥棒だからです。

特に携帯電話にかける場合は要注意です。忙しいビジネスパーソンはたいてい電車の中だったり、誰かと面談中だったり、なにかしらの最中だったりするからです。出られずにあとからかけ直してくれたとしても、そういうときに限って今度はこちらが出られないということがよくあります。そんなふうにいつまでたっても電話がつながらないことほど不毛なことはありません。

その点、ＦａｃｅｂｏｏｋやＬＩＮＥは気軽です。メッセージを送っておけば、相手は自分の好きなタイミングで確認できます。時間泥棒になることはありません。基本的に私は仕事のアポもすべてＳＮＳでやっています。待ち合わせ場所の地図や前もって目を通してもらいたい資料も送れるので非常に便利です。アポ当日も今日の午後お会いする予定ですのでよろしくお願いしますとリマインドしておけば、お互いにうっかり忘れが防げます。

ここぞというときに電話

ただし緊急性が高いもの、例えば時間に遅れそうな場合などは電話をかける必要があります。もし相手が出られなくても留守電には入れないほうがベターです。理由は留守電のメッセージを聞き返すのは面倒で、時間もかかるからです。電波状態によっては聞き取りにくい場合もあります。私は不在着信の場合でも留守電にはせず、すぐにショートメッセージを送ります。不在着信だけではお客さまにかけ直してこいと言わんばかりで失礼に当たるからです。「先ほどは突然お電話すみません。どうしてもお伝えしたいことがあるので都合のよい時間を教えてください」。このように用件だけ手短に送ります。

なお、電話をかける前に、今から電話してもいいですかとショートメッセージを送れば完璧です。あらかじめ無礼を詫びるエクスキューズの意味もありますが、自分の電話番号を事前に告知するという目的もあります。というのも、人は知らない電話番号からの着信には出たがらないからです。私も知らない番号からかかってきたら無視します。しかし、事前にショートメッセージを送れば、そういうことは起こりません。その際は必ず自分の名前を忘れずにメッセージに入れます。相手がアドレス帳に名前を登録しておいてくれているとは限らないからです。しかしショートメッセージをきっかけに、登録してくれるかもしれません。そうなれば、儲けものです。そうした理由一つとっても、事前にショートメッセージを送るメリットは大いにあるのです。

「近くまで来た」「ついでに」はNG

なお、電話もメッセージも面倒くさいからと、いきなり相手の会社や自宅におしかけるのは、最もやってはいけないマナー違反です。「近くについでの用事があったので」と言い訳する人もいますが、ついでに物を売られて喜ぶ人はいません。理由もなくフラッと立ち寄っていいのは、親友か家族、恋人同士だけです。

かといって、お勧めしたい良い商品があるので資料を持っていってよいですか？とバカ正直に聞くのもナンセンスです。お勧めかどうかはお客さまが判断することだからです。

大事なのは相手が自分に得する話だと思うかどうかです。人間には、自分に関係がありそうな話を無視できない性質があります。自分の噂話にはつい聞き耳を立ててしまうのもその一つです。子どもがいる人であれば教育について、年配の方なら健康についての話は、重要な関心事です。そうした話を手土産にして訪れるのです。

どんな人にも通用する鉄板ネタはお金の話です。「××さんにはお伝えしたい良い話があるのですが、おうかがいしてよいでしょうか」とさりげなくＳＮＳでメッセージを送ります。これで、来るなと言われたことは一度もありません。

例えば不動産に興味がある人には、第二次世界大戦のあと、経済的にいちばん強かった人は誰かという話を用意します。答えは現金ではなく土地をたくさんもっていた人だというような小話です。ちなみに、理由は政府の発行紙幣の最低単位が円となったことで、お金の価値が１００分の１になってしまったからです。逆に土地をもっていた人は日本の復興に伴って高く売れたのでお金持ちになっていった。そんな話をしたあとに、不動産関係の商品を提案すれば効果てきめんです。

工場の機械を販売する営業マンだったら、もっと直接的なお金の話ができます。機械は何のためにあるかというと人件費を減らすためです。例えば３人いる従業員を２人に減らすことができれば、年間５００万円が浮きます。年間５００万円あったら新規事業に投資できますよね——そんな話を準備しておくのです。具体的な数字を盛り込むことがポイントです。

保険は人の生き死にをテーマにするとお客さまの心に響きます。私がよくするのは生存率の話です。20年前、脳卒中や脳梗塞を起こして救急車で運ばれると、10人中9人が死んでいました。しかし今は医学や治療技術の進歩で、簡単には三途の川を渡らせてもらえません。なんと10人中9人が帰ってきます。もちろん元気で帰ってくるならよいのですが、問題は多くの人が要介護状態で帰ってきてしまうということです。特に50代くらいの中小企業の経営者は、まだ若くて体が元気なので、三途の川を渡らず帰ってくる確率が高い。そんな話を用意しておけば、生きている間に保険金が受け取れる保険商品を勧めることができます。

会う口実になる話、特にお金に関する話をいくつも用意しておくことは、営業マンのたしなみといえます。そのためには、日頃からお金の勉強をしておくことが重要です。お金の知識はどんな商材を扱う営業マンにも通用する一生の財産です。

なお、「宿題」作戦というものもあります。これは、ＳＮＳなどでお客さまが最近ミステリー小説にハマっていると知ったら、すごく面白い本があるので今度持っていきますとメッセージを送るのです。好きな趣味の話なら、相手も喜んで乗ってくるはずです。実際はそんな本に心当たりがなくても構いません。次に会うまでに探せばいいのです。

アポを取らない勇気

さらに重要なのはアポの日程調整です。忙しくて予定が組めないという人には、調整中のスケジュールでもいいので、空いている日時を指定してもらいます。別の用事が入ったらリスケしてよいと言えばいいのです。とにかく一度、日時を確定させることが肝心です。

ちなみに、私のやり方はかなり強引です。「明日以降1週間以内で時間をください」と言います。なぜ1週間かと聞かれたら、「2週間では私が忘れてしまうからです」と言うのです。そうするとだいたいの人が苦笑いしながらスケジュールを空けてくれます。そう簡単な方法ではありませんが、一度試してみる価値はあると思います。

一方で、あえてアポを取らないという選択肢もあります。それは相手が単価の低いお客さまだと思われる場合です。このように書くとお客さまを選んでいるようで不遜だと思う人もいるかもしれませんが、ビジネスの本質を考えたらむしろ当然のことです。

ビジネスの基本の計算式は、売上＝①顧客数×②単価×③リピート数です。自分がもっているお客さまの数、商品の単価、リピートしてくれる回数の掛け算です。すべての要素が1なら売上は1です。営業努力とはそれぞれの数字をいかに上げていくかということにほかなりません。掛け算ですからどれが数字的にいちばん大事かということはありません。お客さまがどんなに多くても単価が低ければ売上はさほど伸びませんし、逆に単価の高い商品がまぐれで売れても、リピートしなければトータルの売上は右下がりです。つまり、3つのバランスが大事だということです。仮に3つの要素を均等に25％ずつ増やすと売上は約2倍（1・25×1・25×1・25＝1・95）。つまりお客さまの数を無理して2倍にしなくても、3つの数字をバランス良く上げていけばトータルの売上を2倍にできるのです。

逆にいえば、お客さまの数だけを一生懸命増やしても、労力の割に売上は増えないということです。二流の営業マンは単価が低い、つまり金払いが悪いお客さまにむしろ喜んで営業したがります。そういうお客さまは話だけは聞いてくれるので、なんとなく仕事をしている気分になるからです。それではいくらたっても売上は伸びません。

もちろんお客さまを増やす努力は必要です。しかしなるべく単価の高いロイヤルカスタマーに絞り込んでいくことが重要です。営業マンの体は一つで、１日に使える時間は限られているからです。限りあるリソース（資源）は効率の良いお客さまに優先的に使わなければなりません。そのためには、採算が合わなそうなお客さまをビジネスライクに切り捨てる勇気も必要です。本当にこのお客さまに注力していいのか、それとも撤退すべきなのか、どちらかを選択して行動に移すことができるのは、商談に入る前、すなわち初動のうちだけです。

会社のルールに縛られるな

ＳＮＳを駆使すべきだと言うと、会社のルールでＳＮＳを禁止されているから無理だと反論する人がいます。確かに社員のＳＮＳが炎上したら、会社は火消しに追われることになります。情報漏洩も心配です。だから最初から使わせないようにしているわけですが、それに素直に従っているために、営業成績が上がらないのでは本末転倒です。

堂々と会社のルールを破れというのではありません。しかし会社のルールに縛られ過ぎるのはどうかと言いたいのです。公務員ですら副業ＯＫの時代、終身雇用制度も壊れつつあります。働き方には自ら責任をもつべきだというのが私の持論です。

もし、ルールどおりにＳＮＳを使わなかったからといって、それで営業成績が上がらなくても、会社は責任を取ってくれません。もちろんＳＮＳの投稿には責任をもつべきで、誰かを攻撃したり誹謗中傷したりするのはＮＧです。基本的にプライベートな場面での

ＳＮＳは表現の自由として憲法で保障されていますが、その投稿によって会社に不利益をもたらすような場合は、懲戒処分の対象になることもありますので注意が必要です。

ＳＮＳに限らず、会社には仕事に関するさまざまなルールがあります。例えば、お客さまとの親密な関係を禁止したり、特定の営業手法を強制されたりすることもあります。しかし、それでお客さまとうまく信頼関係を築けなかったり、柔軟なセールスができなかったりするのだとしたら、何のためのルールなのかといわざるを得ません。仕事で良い成績を残すことは、会社のためではありません。自分の生活や人生を豊かにするためです。会社と人生のどちらが大事なのか、一度冷静に考えてみるとよいと思います。

プライベートと仕事を分けるな

プライベートと仕事は分けないほうがいいです。といっても、24時間働けということではありません。私が言いたいのは、会社の奴隷になれというのではなく、仕事とは人生をかけて取り組むミッションだということです。それぐらいの覚悟でやらなければ、本当に欲しい成果は手に入りません。特に営業は、自分の顔が商品であり、自分の生活すべてが商売のネタです。

そう考えると、自然と仕事とプライベートの境界線はあいまいになってくるはずです。例えば私は車や釣りが趣味ですが、それらが仕事の人脈づくりにも役立っています。そのせいで趣味を楽しめていないかというと、そんなことはありません。楽しみながら仕事にも役立っているという充実感を得ることができています。

仕事も趣味の延長のような感覚でやっています。今度はどんなお客さまと出会えるのか、どれくらい売上を伸ばせるのか、次も営業成績日本一を取ってやろうなど、まるでゲーム感覚です。だからといっていい加減に仕事をしているつもりはありません。成績も悪くなるどころか年々上向いています。つまり人生も仕事も、全力で楽しもうと言いたいのです。

ザイアンスの法則とは

アメリカの心理学者ロバート・ザイアンスが唱えた理論に、「ザイアンスの法則」というものがあります。日本語では単純接触効果と呼ぶこともあります。人は知らない相手には攻撃的・批判的・冷淡になるが、会えば会うほどその人に好意をもつようになるというものです。

さらに、人はその相手の人間的側面を見るとより好意をもつようになるともいわれています。これは営業マンにとっては絶対に覚えておくべき法則です。なぜならお客さまから攻撃的・批判的・冷淡に思われるより、好意をもってもらうほうが有利だからです。いってみれば初動とは、そうした状況を商談までの間につくり上げることを目的としています。

会えば会うほどその人に好意をもつようになるのですから、普段からお客さまとの接触頻度を上げておくのが正解です。しかし昨今はコロナ禍の影響もあり、人と人が対面で出会う機会は減っています。またセキュリティの問題などから、昔のようにオフィスに営業マンが自由に出入りするのも難しい状況です。そうしたなかで見込み客との接触頻度を手軽に高めることができるのがＳＮＳです。なぜなら投稿を見るという行為はリアルの接触の代わりになるからです。中泉は昨日四国でいちばんおいしいすき焼きを食べたんだなとか、今日は四万十川で幻の巨大魚（アカメ）を釣ったのだなと、あたかもその場にいて目撃したような印象を与えることができます。何年も会っていなくてもまるで近所の友達のような親しみをもてます。それがＳＮＳのメリットです。

相手の投稿をこまめにチェックするのも大事です。見られていると実感させることも接触頻度を高めることにつながるからです。コメントを書き込む時間がないというときは、「いいね！」するだけでもずいぶん違います。私も暇があればスマホでポチポチ「いいね！」を押しています。

ＳＮＳはリアルの代わりになる

　そうした心理を活用して、なんとか買いたくなるような雰囲気をＳＮＳで醸成するというテクニックもあります。例えば健康食品は体にいいと勧めれば勧めるほど胡散くさく感じて警戒されてしまうことがあります。そこでＳＮＳに自分の体験談を投稿するのです。忙しくて毎日の食事は手抜き、今日も深夜にラーメンを食べてしまった、などと書いていると、そのうち、投稿を見ている人は気づきます。この人は不規則な生活で偏った食事だけど、いつも元気一杯で趣味に打ち込んでいるし風邪ひとつひかないのはなぜだろう、そうか、この人は健康食品の営業マンだからかと考えるようになるのは時間の問題です。

　ちなみに、私はＦａｃｅｂｏｏｋとは別に、ＬＩＮＥも利用しており、得意客や見込み客によるグループをつくっています。そこでは主にお金の増やし方など実用的な情報を定期的に発信しています。またセミナー講師をした様子など仕事に関する投稿も行っています。

なぜＦａｃｅｂｏｏｋとＬＩＮＥの２つを使い分けているかというと、単純に接触頻度が２倍になるからです。Ｆａｃｅｂｏｏｋは浅く広く、ＬＩＮＥは狭く深くと、情報に濃淡をつけるのがポイントです。そうすると印象がより深く刷り込まれます。Ｔシャツ姿で釣りを楽しんでいたかと思えばキリッとしたスーツ姿でセミナー講師をしている、そういうギャップが人間味を与えます。ＳＮＳはリアルの代わり、いやそれ以上のタッチポイントなのです。

第5章

【初動の営業術③】

「この人なら」と信頼させる究極の1分間スピーチ

3つの約束事と自己開示を盛り込んだネタを仕込む

1分間スピーチを磨く

アポが取れてお客さまと会うことになったとき、場所はお客さまの自宅やオフィスがベストです。自宅やオフィスは個人情報の宝庫だからです。それを基に相手の真のニーズを引き出すのです。

実際こんなことがありました。ある中年男性客の自宅を訪問したら、リビングに家族の写真が飾ってありました。そこには年頃の女性の写真が何枚もあるのに私は気づきました。夫婦二人暮らしだと聞いていたので意外に思い尋ねてみると、海外に留学している一人娘だそうです。それを聞いた私は傷害保険のプランを提案しました。留学先で何かあったときに備えられるからです。そのお客さまは喜んで提案を受けてくれました。

さて、最初にお客さまと会ってすることは、自己紹介です。今さらと思うかもしれませんが、ここから先は個人情報をお客さまに開示してもらうことになるので、まず自分から自己開示するのです。特に保険商品は健康状態や年収など相当センシティブな情報になるので、この営業マンに話してもよいと思ってもらえるかどうかが勝負の分かれ目だからです。もしお客さまの話を聞くばかりで自分のことはいっさい話さない営業マンがいたら、お客さまも自分のプライバシーは赤裸々に話さないと思います。昔から「腹を割って話し合う」と言うように、絆を強めるには互いに自己開示をすることが出発点なのです。

つまり商談における自己紹介は、自己開示のための儀式です。儀式ですから少し演出を加えたほうがそれらしくなります。お客さまの心をつかむためにも、自分の趣味や苦労話を盛り込みながら、面白おかしく聞かせる工夫が必要です。例えば私はこんなふうに話します。冒頭、相手の目を見てゆっくりと話しかけるのがコツです。

「改めまして。四国中央市で保険代理店を営んでおります。38歳のときに印刷業界から保険業界に飛び込み、現在は社員11人とともに個人のお客さまは６０００人を超えて、企業のお客さまも５００社を超えてお取引をさせていただいております。オリックス生命では販売実績５年連続１位を達成しております。趣味は釣り。車はフェラーリとランボルギーニに乗っています……これから大切なお話をさせていただきますが、こんな私でよろしいでしょうか？」

時間は長くても1分にまとめます。しかしこれを冒頭に行うだけで、お客さまは安心して向き合ってくれます。この1分間スピーチを磨くことに商談の成功がかかっているといっても過言ではありません。

ちなみに、こんな私でよろしいでしょうか？　と聞くのは、一つずつお客さまに納得してもらいながら、話を進めたいからです。いわば、心と心のキャッチボールです。それなのに、ろくに返事もせず、「いいから早く話を進めてくれ」と言われたことが一度だけあります。結果、その方とは契約しませんでした。意思の疎通ができないと判断したからです。

営業マンにもプライドがあります。お互いにハッピーな気持ちでクロージングできないのなら、無理に契約してもらう必要はありません。こんな私でよろしいでしょうか？　と聞くことはお客さまに確認してもらうのと同時に、このお客さまと契約してもいいのか？

と、営業マン自身がお客さまを確認する作業でもあるのです。

3つの約束事

1分間スピーチという名の自己開示を行ったら、お客さまに3つのお約束をします。「契約をしてほしいとお願いしません」「しつこくしません」「説得しません」の3つです。誰でも、無理に買ってくれとお願いされたり、しつこく食い下がられたり、強引に説得しようとされたりしたら嫌な気持ちになります。自分がされて嫌なことはしないと誓うのです。これでお客さまの安心感は増します。

3つの約束をする理由はほかにもあります。「お願いしません、しつこくしません、決して説得しません、ただし大切な話なので一緒にしっかり聞いてください」と言うと、お客さまも真面目に聞こうとスイッチが入るのです。そうすると、そのあとの商品説明やクロージングがスムーズに行きます。

さらに、これは商談後の話になりますが、次のお客さまを紹介してもらうため、契約したあとに「私は3つの約束を守りましたよね」と聞きます。するとお客さまは、「確かにお願いは1回もされなかったし、説得もされなかった、しつこくもされなかった」と答えます。そこですかさず私はこう返します。「じゃあ、また3つの約束を守りますのでお客さまを紹介してください」。そうするとだいたいのお客さまは笑って請け負ってくれます。お客さまも3つの約束事を守る面白い保険の営業マンがいると紹介しやすくなります。

ちなみに、お客さまから3つの約束をする理由を聞かれたら、「しつこくしないのは自分が忙しいから、お願いしないのはプライドが高いから、説得しないのは説明がうまいから」と説明します。そんなふうにお客さまの前では茶化していますが、実のところすべての営業マンには、この3つの約束事を厳守してほしいと思っています。なぜならお客さまを大切にしてほしいからです。約束を守らないということは、お客さまを傷つけることになります。気づいていない営業マンは多いのですが、強引な営業活動で傷ついたお客さまはたくさんいます。そのトラウマで迷惑を被るのは別の真面目な営業マンです。しかし、ちゃんと約束を守れば、そのお客さまはほかの営業マンも信じてみようと思ってくれます。それで契約案件の総数が増えれば、営業マン全体の収入が増えます。

なお、私は1分間スピーチとこの3つの約束事を、お客さまと会ったときの最初のルーティンとして位置づけています。ルーティンは非常に重要です。特にトップアスリートの多くが、自分のパフォーマンスを高めるために取り入れています。例えばイチロー選手は、試合後はグラブを磨き、マシントレーニングをして、夕食をとり、再びマシントレーニングをして、マッサージを受けて、同じ時間に就寝することを現役時代毎日繰り返していたそうです。毎朝カレーを食べていたことも話題になりました。体操の内村航平選手は跳馬の前に両手を前に伸ばすポーズが有名です。フィギュアスケートの羽生結弦選手も演技を始める前に十字を切るようなポーズのルーティンを行っています。それをやることで自分はうまくいくと暗示をかける効果があるといいます。私もルーティンどおりにやれば、ほぼ契約できる自信があります。実際これまで、私の場合そういう心理状態に意図的にもっていくことが、最終的には大事なことでした。このルーティンを行った場合の成約率は、90%を超えます。

「はい」とだけ言わせる質問テクニック

商談の場でNOと言われたら、その時点で試合終了です。したがって、すべて「はい」と言ってもらう話術が大事になってきます。1分間スピーチの最後に、こんな私でよろしいでしょうか?と聞くのもその一つです。いいですか?と聞かれてNOと答えた人は過去に1人しかいません。

3つの約束をしていいですか?という問いにも、お客さまは条件反射のように「はい」と答えます。さらにいろいろ教えてもらっていいですか?と聞いてNOという理由はありません。こうした「はい」とだけ言わせる話術は、一般的にイエス誘導法やイエスセット話法などと呼ばれています。人間は一貫性の原理といって、自分の発言や行動に対して一貫性をもたせようと無意識に思う性質があります。そのため、相手がイエスと答える質問を繰り返し、肯定的な心の構えがつくられると、いざ断ろうとしても自分の行動に一貫性がなくなり、心理的矛盾が生じてしまって断れなくなるのです。また、「はい」という肯定的な言葉を繰り返すことでお客さまは前向きな気持ちを抱くようになります。つまり知らず知らずのうちに商談に対して前のめりになっていくというわけです。

せっかくなので、さらに私の奥の手をお教えします。お客さまに保険のプランを提案するときには「契約するかどうかは別として、契約の手順だけ先にご説明してもいいですか？」と聞くのです。そして最後にこう尋ねます。「今日お支払いいただくと、今晩急に亡くなってもお支払いします。ただし、１週間後に契約すると、今日亡くなってもお支払いできません。今日から始めますか？」。こう言われてＮＯと言う人はほとんどいません。

「考えます」という言葉の本当の意味

ただし、「考えます」と答える人もまれにいます。それは何か契約に疑問や不安がある証拠です。つまり、分からないところが解消できれば契約の障壁はなくなるのです。

ですから、そう言われたら、「どこか分からないところがありますか？」と聞き返します。もし保険料がネックであれば、特約を減らすなどして下げる工夫をします。解決方法は必ずあります。お客さまから「考えたい」と言われたら、一緒に考えて答えが出るように仕向けるのがプロの仕事です。

ところが、「考えます」とお客さまに言われて、「じゃあ次回までに考えておいてください」と、そのまま提案書を置いて帰ってくる営業マンが多いのには驚きます。そうなったら十中八九、契約は不成立です。分からないことを聞いてもらえなかったという不満が、その営業マンに対するネガティブな印象に変わるからです。次に会うまでに、家族に「やめろ、そんな高い保険」と説得されることも考えられます。そうなると、お互いにとって時間の無駄です。「考えたい」とお客さまに言われて、そのまま置いて帰ることは絶対にしてはいけません。逆にその場で疑問を解消できれば、しっかり説明してもらえたという満足感が生まれ、契約につながりやすくなります。

商品の中身も大事ですが、いかに納得して購入できたかという満足感がさらに大事なのです。だから私は、なんとなくで契約してほしくありません。分かっていないのに、分かったふりをしてサインしてもらっても、満足感にはつながらないからです。例えば、保険料が高いと思っているのに無理をして入って、結果的にあとで支払えなくなったら、お互いに嫌な思いをします。

したがって、NOと言わせない話術で進めながらも、最終的には「正直に言ってください」とお客さまの意思を確認します。今ならやめても構わないと念を押します。もし契約がストップしても、誠実さが伝わっていれば、優良な見込み客として付き合いが続きます。一から営業をしなくて済みます。いつか再び振り向いてくれるのを、じっくり待てばいいのです。

パンフレットは見せない

私は商談の席で、お客さまにあえてパンフレットを見せません。今のパンフレットはいろいろと余分な情報も書いてあるので、そちらに気が向いてしまい、集中して話を聞いてもらえなくなるからです。

お客さまも、パンフレットを見ながら説明をする営業マンからは買いたくないはずです。もし医者が医学書を見ながら問診をし始めたらどうでしょうか。弁護士が六法全書をいちいち見ながら法廷に立っていたら勝てるかどうか心配になります。ラーメン屋がいちいちレシピを見ながら作っていたらおいしいと思うわけがありません。どんな仕事でも自信がない人に見えます。

つまり、パンフレットではなく、営業マン本人に目を向かせることが必須です。それが最終的な納得感につながるのです。ですから私は帰り際にまとめて渡しています。あくまでもパンフレットはおまけという位置づけです。

パンフレットを見せながら説明を始める人は、自分の頭のなかに情報が入っていないのです。それは営業マンとして失格です。自分が扱っている商材のことは誰よりも知っているという気概と自信をもって仕事をしてほしいものです。

5分話しても笑顔が出なければ諦めろ

商談の場で5分話しても、お客さまに笑顔が出なければ諦めるべきです。もちろんそこに至るまでの初動でお客さまの本心とニーズをとらえ、完璧な提案書を持参して来ていることが前提です。しかし、何かの理由で心変わりをしてしまった、あるいは仕事や家庭の状況が変わってしまい、商談どころではなくなったということは、可能性としてゼロではありません。そういう場合は無理に粘らず、いったん引き下がったほうが得策ですし、急いでは単価を下げる可能性もあります。またそれが打率を上げる秘訣でもあります。まだ契約に至っていなければ見込み客として継続できる可能性があるからです。

当たり前ですが契約してしまうと見込み客ではなくなります。そうなれば新たに探さなければなりません。しかし契約に至っていないということは、ただの保留中であって、まだ見込み客のままと考えることができます。ふとしたきっかけで再び契約のチャンスが来ることもあります。その可能性を前向きにとらえることも、長く営業の仕事を続けていくには重要です。

さらにいえば、断られる美学というものがあります。私は断られるときは、極めて明るい声で「分かりました。いろいろお時間をもらったのに本当にすみません。また何かあったら私を頼ってください。でも今回〇〇さんとご縁ができて、お話を聞けたので、私もとってもうれしかったです」と返事をします。そんなふうに言われると、お客さまは意外な顔をして驚きます。何か悪いことをしてしまったと後悔します。その状態で終わることが大事です。

もちろん内心では、こんなに通ったのにとか、時間をかけて話を聞いたのにと思わなくもありません。しかし、そういう感情は全部こちら側の問題なので、決して出すべきではありません。それがプロというものです。

したがって断りの電話でも、私はすごく明るく返事をします。電話を切ったあとによく社員から、今のは断りの電話ですよね？と聞かれます。でも断られたということは、見込み客は減らなかったということで、それはそれでよいことだと説明します。無理に契約しても、あとで解約されたら元も子もありません。だから今契約しなくてよかった。この発想が大事です。

究極をいえば、お客さまが断りやすい雰囲気をつくるのも一流営業マンの技です。「この仕事はずっとやっているから別に今契約できなくても大丈夫ですよ」、そう言うことで、お客さまの心理的負担は軽くなります。

究極は相手から断らせないことです。断られそうだと思ったら、今の状況だと時期尚早なので検討し直しましょうと、こちらから身を引きます。つまり断られたという事実をつくらないのです。負けなければ、マイナス点にはなりません。むしろこちらが貸しをつくったような構図になるので、その後の展開が有利になります。

「今すぐ客」と「今から客」

私たち営業マンにとって、契約は喜びや達成感を味わえるゴールであると同時に、お客さまがいなくなった寂しさを感じさせるエンディングでもあります。また新しい見込み客を探さないといけないという徒労感もあります。よく語られるマーケティング理論に「1対5の法則」というものがありますが、これは新規顧客にかかるコストは既存顧客にかかるコストの5倍だというものです。見込み客についても同じことがいえます。

なお、見込み客には2種類あります。「今すぐ客」と「今から客」です。今すぐ客はすぐに契約につながる見込み客のことで、すぐに売上につながるのがメリットです。今から客はすぐに契約にはつながらないけれど、いつか契約をしてくれるかもしれないという見込み客です。売上には直結しませんが、良好な関係を保っていれば打ち出の小槌のようにお客さまを紹介し続けてくれます。もちろん、どちらのお客さまも大事です。しかし私は、今から客を、より大切にしています。目先の獲物より、持続的に実がなる作物のほうが、安定的に食料を得られるからです。これは農耕民族的思考といえます。

一方、ダメな営業マンは狩猟民族的な思考を巡らせます。目先の利益を追って、今すぐ客ばかりを探すからです。だから成績がいい月があれば、まったく振るわない月もあります。人間は良かった記憶に引っ張られがちなので、年間トータルで見ると前年比マイナスといった不都合な事実には気づきにくいものです。それでは売上は伸ばせません。

営業マンは半農半猟であるべきです。今すぐ客も狙うけれど、今から客にも同じくらいの熱量で向き合うバランス感覚が大事なのです。

営業は疑似恋愛？

もし、営業で思うような成果が出なくて悩んでいたら、お客さまを好きになっているかどうか、自分自身に問いかけてみてください。しっかりと自己開示して、無理に頼んだり、嫌がっているのにしつこくしたり、相手の立場も考えず説得したりしていないだろうかと反省する時間が必要です。

営業は恋愛と同じです。まず自分が相手を好きにならなければ、相手も自分のことを好きになってはくれません。嘘じゃない真の言葉で、何があってもあなたを守る、そういう気持ちを前面に出して、実際にそのようにお客さまに対して振る舞う。それはお客さまを本当に好きでなければできないことです。そうでなければお客さまからは信頼してもらえないでしょう。

お客さまに伝えるべきは売り文句ではなく「メッセージ」です。私はあなたの話を聞きたい、私はあなたの人生を豊かにする情報を教えたい、だから会いたいのだと伝えます。恋愛も営業も最後は誠実さと熱意です。コンビニの店員から、チキンナゲットが揚がったと言われるより、「3分前に揚がったばかりのおいしいチキンナゲットです！　ぜひ食べてください！」と笑顔で言われたほうが、買いたい気持ちが募るはずです。そこに、おいしく食べてもらいたいというメッセージが込められているからです。

そこを理解できないでいるから、物売りの営業に走ってしまうのです。営業はお客さまとの疑似恋愛だと思えば、まずお客さまに好かれることが重要だと気づくはずです。

相思相愛の相手とはいくら対峙していても疲れません。商談もうまくいくし、次の営業に向かうパワーを得ることもできます。お客さまを自分の力に変えるのです。会えば会うほど楽しくなるような営業をたくさんこなせば、売上も伸びます。まさに好循環です。

効率やスピードも大事ですが、焦らず、考えながらやってほしいと思います。成功したければ、お客さまのことを好きになってほしいし、自分のことも好きになってほしい。お客さまのことを好きになるには、まず自分を好きになることが必要です。

そのためには、自分はできる営業マンだと自信をもつことです。愚痴っぽく、自分なんか営業マンに向いていないと言い出す若い営業マンがいると、最初から向いているやつなんかいないと説教したくなります。向き不向きの前に、前向きに与えられた自分の仕事を好きになることが大事なのです。

隠れたニーズを引き出す千円ゲーム

最初のアポや商談においては、お客さまも気づいていない潜在的ニーズをさりげない会話のなかから探ることが重要です。こうしたお客さまのニーズを掘り起こすためのメソッドとして、私がセミナーなどで行っているのが「千円ゲーム」です。

ルールは簡単です。まずは2人1組になります。どちらからでもいいので千円札を1枚出します。出されたほうは千円に見合うだけの価値ある情報を相手に提供します。出したほうは、自分にとって価値がないと判断したら千円札を引っ込めて構いません。制限時間は5分。それを交互に繰り返します。

このゲームの真の目的はお金の価値を学ぶことでも、営業トークを磨くことでもありません。どうすればお客さまの役に立てるのかを知ることです。相手に貢献できること、与えられるものは何かを考えるためのトレーニングです。そのために5分という制限時間内で、さまざまな質問を相手にしていきます。質問によって相手の潜在的ニーズを引き出すのです。

質問は人間心理に沿った形で行っていきます。ニーズは欲求と言い換えることができます。人間の欲求は、だいたいが不安を解消したい、欲求を満たしたい、怒りを消し去りたい、恐怖から逃れたいなど現状に問題があって、それを解決したいということが基本にあります。すでに安心で、満足していて、喜びと快楽に満ちていたら、何か欲しいというニーズは生まれにくいからです。したがって千円ゲームの質問は、

①現状のどこに問題があるのか

②それはなぜなのか

③それをどう解決するのか

という視点で行うのが基本となります。

例えばこんなふうにやります。なるべく、実際の営業と同じスタイルで行うのがコツです。そのほうが実践に活かしやすいからです。まずは挨拶から始めます。「こんにちは、今日はお会いすることができてたいへんうれしいです。本日はよろしくお願いします」。早くも次がポイントです。「5分、お時間をいただいてよろしいでしょうか。いくつか質問をさせてください。いきなり質問するのは失礼かもしれませんが、私はあなたの役に立ちたいと思っているのです。それでは3つお聞きしますが、よろしいでしょうか」。くどいほど相手に何を話すかを説明して、その都度許可を求めるのです。このようにいちいち許可を取るのは面倒かもしれませんが、お客さまは「すべて自分が許可したこと」と思い、安心感を抱きます。営業マンとしても、お客さまが許可したことだからという心理的安全性が高まります。この話はしてよいのだという空気感を、その場につくるためなのです。

さて、3つの質問は、具体的には次のように聞きます。あなたの最近の状況で、

①ワクワクすることはありますか

②やりたいことはありますか

③お困りのことはありますか

どれでも結構です、あったら教えてください。これだけなのですが、一気に相手の核心に入り込むことができます。

その質問に対して、例えば①釣りに行くこと、②ゴルフをやりたい、③娘の受験について困っていると答えてくれたとします。どんな答えであろうとも、まずは「それはいいですね」と心から肯定します。安心感を与えるわけです。そして、その答えのなかで、自分の得意な分野について話を広げていきます。

例えばゴルフが得意ならなぜゴルフをやりたいと思っているのでしょうか。ストレスの解消ですか、健康になりたいのですか、それとも仕事の付き合いのためですか。つまり、やりたい理由です。それによって、ゴルフをやりたい気持ちの背景にある本当の欲求、真のニーズに迫っていくわけです。

ここが分かっていないと、提案はピント外れになってしまいます。ストレス解消のためにやりたいのに、一からコツコツと学ぶ必要のある教本やスクールを教えても意味がありません。それよりスカッとした気持ちがすぐ味わえる打ちっぱなし練習場の情報を教えてあげたほうが喜ばれるはずです。健康になりたいと答えたら、それは足腰を鍛えるためなのか、それとも痩せたいのか、自然のなかを歩いて心を健康にしたいのかによっても提案内容は変わります。そのために、時間が許す限り質問を重ねます。

なぜ?どうして?を繰り返して、本当の欲求、真のニーズを探っていきます。そして、残り2分ぐらいのところで、相手の言ってきたことをリマインドします。「今までいろいろと尋ねてきて、あなたは◯◯ということを望んでいると思います。間違いはありませんか」。ここでも相手に確認する作業を入れます。自分の思い込みや勘違いでないという裏取りをするのです。これによって相手の欲求を2人で共有したことになります。いわば同盟関係を結ぶのです。そこには絆のようなものが醸成されます。これも、最終的に商談を有利に進めるためのテクニックです。

ここまで来たら、あとは相手の本当の欲求、真のニーズを叶えるための方法や情報を教えてあげます。例えばゴルフ好きの取引先から一目置かれたいというのが真のニーズだとしたら、ゴルフ好きの間で最近注目されているクラブやウェアのブランドや話題のゴルフ場、カリスマのレッスンコーチなどについて情報を提供します。それに対して相手が満足したら対価として千円札を受け取ります。商談成立ということです。

ただし千円札は決して返却してはいけません。なぜなら、真剣でなければ意味がないからです。2人いればすぐできますので社内研修などでぜひ試してみてください。大事なのはお客さま役の言葉を額面どおりに受けないということです。言葉の裏には必ず本音が隠されているからです。それを肝に銘じて丁寧に質問していくことで本当の欲求や真のニーズにたどり着きます。それに見合う提案をしなければ人はビタ一文払う気にはならないものです。また、5分間で千円というのが肝になります。

お客さまとの距離を縮める７つの心理テクニック

お客さまと会ってやるべきことは、お客さまの懐に飛び込んで真のニーズを引き出し、それをお客さまにぶつけて、お客さまの買いたいスイッチを入れることです。相手の懐に飛び込むには、お客さまとの距離を縮めることが不可欠です。石の上にも三年などと悠長なことは言っていられません。私の経験上、２回目のアポで商談に持ち込めなければ、それ以上面会を重ねても成約には至りません。営業は短期決戦であると心得てください。

そこで、１回目のアポから使えてお客さまに悟られることなく距離を縮められる、とっておきの心理テクニックをお教えします。すでに紹介したものもありますが、改めてそのメカニズムを確認してください。

1. 接触理論

お客さまからの信頼を得るためには、コミュニケーション時間の総量を増やすことが重要です。例えば、「三河屋商法」と呼ばれる商慣行では、御用聞きが日々顔を出し、「何か足りないものはございませんか」と問いかけることでお客さまとのやり取りを増やしています。その結果信頼が築かれ、商売が成立するのです。

接触回数が多いほど相手への好意や信頼が高まるというこの現象は、「接触理論」として知られています。テキサス・クリスチャン大学のドナ・デスフォーゲス氏の研究によれば、「嫌いな人ともやり取りを重ねることで、偏見や差別の心が和らぐ」とされています。多様な文化が集まるアメリカでは異文化に対する偏見や差別が存在しますが、接触回数を増やせば好感度が上がることが期待できます。逆に、接触が少ないと「何を考えているか分からない」と感じ、さらに差別意識を抱くことが考えられます。

ですから、信頼されたいのであれば、積極的に他者とコミュニケーションを図り、その総量を増やすことが大切です。取引先との信頼関係を築くには、メールのやり取りを頻繁に行ったり、顔を見せたりします。先に述べたＦａｃｅｂｏｏｋでのコメントもかなり有効です。

2. 自己開示

お客さまとのコミュニケーション量を増やすことも大切ですが、話題の深さにも注意が必要です。例えば、天気や時事ニュースなど表面的で浅い話題では、相手との信頼関係を深めることはできません。そこで使いたいのが「自己開示」というテクニックです。

自己開示は、臨床心理学者シドニー・ジュラード氏が1971年に提唱した言葉で、言葉を使って自分自身に関する情報をありのままに伝えることを指します。プライベートな情報を開示することで、こんなことまで話してくれるのかと相手に思わせることができるので、信頼関係を深められます。

しかし、自己認識が正確でない場合や、相手の受け止め方によっては誤解が生じる可能性があります。また、住所や出身校など自分の個人情報を話すことに抵抗がある人もいると思います。しかし話さなければ関係性はゼロのままで、嫌われることも、好かれることもありません。メリットとデメリットを正しく認識して使うようにします。とにかく、自己紹介に分かりやすいキーワードを盛り込むことです。

3．笑顔（好意）の返報性

どんな相手にも信頼できる印象を与える人と、そうでない人の間には大きな違いがあります。いちばんのポイントは笑顔です。例えば女性に年齢を聞くことはタブーだとされていますが、ニコニコしながら聞くと意外と簡単にトップシークレットを教えてくれるものです。

というのも、人間は笑っている顔を好むからです。赤ちゃんが笑っている顔の写真を見せた実験では、笑っている顔の写真のほうに多くの人が反応したそうです。ですので、いつもニコニコして福々しい顔で人に接することが大切です。

こうした人間の心理を、オランダのアムステルダム大学では、「笑顔の返報性」と呼びました。笑顔で近づくと64・9％の人が笑顔を返し、無表情で近づくと64・7％の人が無表情を返したそうです。つまり相手に楽しい気分を与えるためには、自分から笑いかけることが大切なのです。

この笑顔の返報性を発揮すると相手も笑顔になり、「あいつはいいやつだな」と感じ、好意と信頼につながります。普段あまり笑わない人でも、意識して笑顔をつくるようにすることで、自然な笑顔を身につけられます。

4.言動の一致

心理学的には、信頼と好意は同一次元のポジティブな感情とされています。つまり、嫌われながら信頼されることはないということです。ある意味当たり前のことですが、これを意識して、お客さまに好きになってもらおうと行動している営業マンは少ないはずです。

好意をもってもらうには、まずは小さな約束を守ることが重要です。人間は言葉よりも、行動のほうを信用するからです。例えばこんな実験があります。人が食事をする様子を見て、その料理をおいしいと思うか、まずいと思うかを尋ねたところ、「まずい」と言いながら笑顔を浮かべた人を見たほとんどの人が「おいしいと思う」と考えました。逆に不機嫌そうに眉間にしわを寄せながら「おいしい」と言う人に対しては、多くの人が「まずいのではないか」と答えたそうです。

この結果からも分かるように、「言動の不一致」つまり、言葉と行動が食い違った場合、人は言葉ではなく、行動を信じる傾向があるのです。日頃から言っていることとやっていることを一致させる「言動の一致」が、お客さまの信頼を得る大きなポイントになるのです。

5. 対人距離の原理

これは、パーソナルスペースに関することで、自分の周りには目に見えない空間があり、そのなかに他人が入ってくると不快感や嫌悪感を覚える心理的な縄張りのことです。

動物には一定の距離まで近づくと警戒して逃げる「逃走距離」があるといわれますが、人にも同じような「対人距離」があると提唱したのが、アメリカの文化人類学者エドワード・T・ホール氏です。

このパーソナルスペースについてはさまざまな研究が行われていて、性別や個人の性格、文化の違いによってその広さは異なるとされています。また、パーソナルスペースの距離感は相手との関係性によって変わり、親しい人であるほど距離が短くなるようです。

実は、このパーソナルスペースの心理を逆手に取ったテクニックがあります。それは「前傾姿勢」です。例えば、人と話をするときには、前傾姿勢になったほうが相手はパーソナルスペースの距離が縮まったと錯覚して、好意を抱きやすいのです。つまり前のめりで対話をすると、「私はあなたに惹かれていますよ」「あなたの話に興味をもっていますよ」という気持ちが、伝わりやすくなります。

医師を対象にした研究で、実際に患者を診察している場面をビデオ撮影させてもらい、どの医師が信頼できそうかを聞くという実験を行ったところ、「信頼できる」とされた医師は、全員が身を乗り出して患者の話を聞いていたといいます。

逆に、背もたれに寄りかかったまま後傾姿勢で対応した医師は、パーソナルスペースの距離が開いたと無意識に感じたせいか、「信頼できない」という結果になりました。このようにお客さまとの対人距離を意識して会話すると、かなりの確率で信頼を得ることができます。

6. ボディーターム

ボディータームとは、人間の体の一部を用いた非言語コミュニケーションの一つです。例えば会話中にテーブルの上に手を置く行為があります。これは相手に好意を抱かせる効果があるとされており、慣用句の「手の内を明かす」にも通じます。この言葉は、秘密を明かす、正直になるという意味をもっています。一方、「手の内を見せない」は隠し事をしていることを示し、手が見えない状態は相手に不安感を与えることがあります。

有名な事例として、アップルの創業者スティーブ・ジョブズ氏が挙げられます。彼はプレゼンテーションの際、手のひらを見せながら話すことで、誠実さや信頼性を伝えることに成功していました。また、会話の際には、自分の体を相手に向けることで、「隠し事はしていない」というメッセージが伝わります。

具体的にどうすればいいかというと、お客さまに向かって体を向け、テーブルの上で軽く手を組み、手のひらを相手に見せながら話すことです。それによってお客さまは自分に対して「興味をもってくれている」と感じます。さらに相づちを打ちながら話を聞けば、相手との良好なコミュニケーションを築く助けとなります。

このように、ボディータームを活用した非言語コミュニケーションは、相手に対する好意や信頼感を築くうえでたいへん効果的です。お客さまとの会話の際には、体の動きや表情にも注意を払うことが欠かせません。

7. ネームコーリング

ネームコーリングは、会話の際に相手の名前を頻繁に呼ぶことで、好感度を向上させる手法です。これは、営業スキルを学ぶ際にも役立ちます。アメリカの実業家、アンドリュー・カーネギー氏は、名著『人を動かす』のなかで、相手の名前を呼ぶことが人間関係の構築に重要であると述べています。

具体的な例として、「この企画は面白いですね、○○さん」や「ところで△△さん」といった表現が挙げられます。会話の途中で何度も自分の名を呼ばれると、相手は自分に好意をもっていると感じます。その結果、笑顔の返報性や好意の返報性といった現象が働き、相手も名前を呼んでくれた人に好意をもつようになります。

営業活動においてはお客さまとの信頼関係が成功の鍵となります。遠慮して「君」や「あなた」と呼ぶのは、相手に「私は関心をもたれていない」ととらえられ、逆効果となることがあります。

最後に、ネームコーリングを使用する際には、過度な繰り返しを避け、自然な会話のなかで相手の名前を織り交ぜることが望ましいとされています。これにより、相手とのコミュニケーションが円滑に進み、信頼関係を築くことができます。

傾聴の極意は「うめラいス」

傾聴は営業マンの基本です。お客さまの話をしっかり聞くことで、お客さまに「ちゃんと聴いてもらえている」という安心感を与えることができます。傾聴に必要なスキルとしては、途中で口を挟まず最後まで聞く、やみくもに否定をしない、相づちやうなずき、表情や視線で聞いているということを示す、相手の表情やしぐさ、声の調子などからも情報を受け取るといったことがいわれています。しかし、いざお客さまと相対すると頭が真っ白になって、自分だけが夢中でベラベラと喋ってしまって顰蹙《ひんしゅく》を買ったなどという新人営業マンの失敗談をよく聞きます。

そんなときに心に留めておくとよいキーワードが「うめラいス」です。ＮＨＫの教育番組で紹介されていたものです。話を聞くときに注意したい５つのポイントの頭文字を取ったものです。

『う』……うなずいて

『め』……めをみて

『ラ』……ラストまで

『い』……いっしょうけんめい

『ス』……スマイルで

子どもだけでなく、大人の営業マンにとっても分かりやすい言葉にまとめられています。ご飯の上に梅干しがのったイメージが脳裏に浮かぶので覚えやすいと思います。ぜひ暗記しておいて、お客さまの話を聞くのに役立ててください。

● 尊敬語と謙譲語について

	尊敬語 相手や相手の行動、状況・物などへの敬意を表す。自分より相手を高めて言い表す。	**謙譲語** 自分がへりくだることで相手を敬う。自分を低めることで、その結果相手を敬う表現。
する	なさる	いたす、いたします
行く	行かれる、いらっしゃる	まいる、あがる、うかがう
来る	おいでになる、お越しになる、みえる、いらっしゃる	まいる
訪問する	いらっしゃる	お邪魔する
考える	お考えになる	存ずる
思う	お思いになる	存ずる
食べる	上がる、召しあがる	ご馳走になる、いただく、頂戴する
与える	賜る、くださる	差し上げる
言う	言われる、おっしゃる	申す、申し上げる
見る	見られる、ご覧になる	見せていただく、拝見する
聞く	聞かれる、お聞きになる	うけたまわる、お聞きする、拝聴する
書く	書かれる、お書きになる	書かせていただく、お書きする
死ぬ	お亡くなりになる	亡くなる

信頼を獲得するための言葉のトレーニング

アポの段階では、とにかくお客さまの信頼を得ることが最重要課題です。最初から仕事の話をしないといった内容面だけではなく、対話のなかでの言葉遣いも、あながち馬鹿にできません。間違った言葉遣いをすれば知性や品性を疑われますし、下手をすればお客さまを不快にさせたり、怒らせたりすることもあるからです。正しい

● クッション言葉とそれに続く言葉

	クッション言葉	続く言葉の例
1	恐れ入りますが	こちらでお待ちいただけますでしょうか。
2	失礼ですが	どのようなご用件でいらっしゃいますか。
3	申し訳ございませんが	○○はただ今、外出中でございます。
4	あいにくでございますが	次回の入荷は○日になります。
5	お差し支えなければ	ご連絡先をお教えいただけますか。
6	お手数をおかけいたしますが	ご返送をお願い申し上げます。
7	よろしければ	○○あてのご伝言をうけたまわります。

言葉遣いのトレーニングは、営業マンにとっては必須です。

【言葉のトレーニング①尊敬語・謙譲語】

なかでも正しい尊敬語・謙譲語は言葉遣いの基本中の基本です。近頃は「〜させていただく」など過剰にへりくだった表現が目につきますが、度が過ぎると慇懃無礼になります。１６１ページの表は営業トークの基本のワードです。丸暗記するぐらいの気持ちで身につけてください。

【言葉のトレーニング② クッション言葉】

アポを取る場合や、値段の交渉、必要な書類を用意してもらうときなど、相手の希望に沿うことができないことや、お客さまに何かをお願いすることは営業の場面においてよくあることです。そうした場合、謙虚な気持ちを伝えて、相手に対する言葉の衝撃を和らげ、ソフトな印象を与えることができる言葉遣いをすることが大切になってきます。

ポイントはクッション言葉に続く言葉もしっかり覚えることです。クッション言葉だけはなんとか使えても、続く言葉が正しい敬語ではない若手営業マンは結構います。セットでしっかり覚えて、適宜アレンジを加えてください。

【言葉のトレーニング③ 肯定表現・依頼表現】

■肯定表現

相手からの依頼や質問を否定する場合、相手を突っぱねるような印象を与えないように、角の立たない柔らかな肯定表現をすることが求められます。

（例）できません

↓ **できかねます。**

（例） 分かりません

↓ **分かりかねます。**

できないこと（否定）よりも、できること（肯定）で伝えましょう。

（例） この書類をご提出いただかないと、お支払いできません

↓ **この書類をご提出いただきますと、お支払いできます。**

良い情報と悪い情報の両方を伝えるときは、良い情報をあとに話すと印象良く受け止められます。

（例） 商品の品質が高くなりましたが、お値段が高くなっています

↓ **お値段が高くなりましたが、商品の品質が高くなっています。**

● 言葉のエクササイズの例

ウチの社長は、今いらっしゃいません。あとでまた来てください。	
勝手に動かないでください。	
そういう値段ではできません。	
そちらの社長はこのことを、存じ上げているんですか。	
なんでそうなったんですか。	
だったら、ウチの上司にご覧いただくようにします。	

■依頼表現

相手に依頼するときに「〜してください」という表現では、命令的・威圧的な印象を与えることがあります。そこで「〜していただけませんか」という依頼形で表現します。

(例) こちらの書類に記入してください
↓ こちらの書類にご記入いただけませんか。

【言葉のエクササイズ】

尊敬語・謙譲語、クッション言葉、肯定表現・依頼表現などを使って、前ページの文章を正しく直してみましょう。

もちろん普段使う営業トークはこんなに少なくありません。自分の言葉だけでなく、ほかの人はどのような言葉遣いをしているのか常にアンテナを張って、自分の言葉を磨いていってください。

第6章

「初動」の営業術を磨き、お客さまから選ばれ続ける一流の営業マンになる

最終的に自分は何を目指すのか

自分は何のために働いているのか悩んだとき、最初の動機は、シンプルに高収入を得たいとか外車に乗りたいとかで十分です。しかし、それが達成したら目標はなくなってしまいます。

初動力も、それを高めること自体が目的であってはなりません。その先に、「自分がなぜその仕事をしているのか」「その仕事を通じて世の中の人に対してどう役に立つのか」というビジョンがなければ、ただの金儲けのためのスキルです。

ですので、この本を閉じる前に、一度立ち止まって考えてみてもらえたらと思います。イメージすることは重要です。人は、自分がイメージした以上の存在にはなれないからです。

成功している人は、成功する前から成功のイメージをもっています。なぜ、イメージするだけで目標達成に近づくのかというと、人の脳の機能はリアルとイメージを錯覚する癖をもっていて、イメージの自分を常に演じることで脳はそれをリアルなこととして錯覚するからです。そして錯覚は脳の機能全体に影響を与え始めます。今まで苦手だったことや困難だと思い込んでいたことが、イメージの自分を演じることで徐々にできるようになったりもするのです。そう聞くと人間には不可能なことなどないと思えてきます。

イメージするときは、より具体的に行うのが有効です。営業マンとしてお客さまのために働くことが理想の姿だという人もいますが、そうしたあいまいな動機だけで仕事を続けることはできません。少なくとも私には無理です。時に過酷な営業の仕事で、常にベストなパフォーマンスを持続するためには、営業マン自身のメンタルが重要となります。人は、モチベーションがなければ動けません。自身の目標が明確になっていないと、いっときは頑張れても、やがて仕事そのものに疲れてしまいます。

私には、明確に仕事の目的をイメージした瞬間があります。それは、38歳で前の仕事を突然解雇され、まったく未経験だった保険営業の世界へ飛び込んだときです。学歴なし、人脈なしから成功するにはどうすればいいか答えが見つからず苦しむ時期がしばらく続きました。ある日何気なく広辞苑で「成功」という言葉を引いてみたのです。すると、「成功とは、目的を達成すること、事業などを成し遂げること」と書いてありました。これだと思いました。よし、目的をもとうと決意して掲げたのは、「保険営業を尊敬される仕事にする」、「一生、保険業に携わっていこう」の2つです。そうすると、2つの目的を達成するために、「トップセールスになりたい」と願うようになりました。

やがて、どうすればなれるか考えるようになり、その方法を一つずつ実践していった結果、3年間の三井住友海上火災保険での研修生のなかで歴代1位の販売実績を達成することができました。また、誰にも負けないお客さまを思う気持ちと知識を身につけたいと思い、保険に関するものだけでなく、相続士やファイナンシャルプランナー、証券診断士、投資診断士など保険に関わるさまざまな資格を取りました。その結果、契約をお願いするのではなく、お客さまの人生設計をより良いものに解決・提案していくスタイルにたどり着くことができたのです。

開業したら、今度は事務所を構える、社員を10名にする、という明確な目標を立てました。それが達成できたら、今度は取り扱い保険会社を増やしたい、そして、オリックス生命で日本一を取るという目標を掲げました。願えばそのとおりになりました。手数料１億円を超えたら１％の１００万円を地域に還元すると誓ったら、２年で１億円を超え、車椅子を９年間でトータル１１６０台寄贈することができました。オリックス生命のハワイでの表彰式でも、初参加で「３連覇します」と明言して５連覇しました。これまでさまざまな目標を立て、それを一つずつクリアしながら、今に至っています。このように「有言実行」こそが自分を成長させることになります。

人から感謝される営業マンになる

保険の営業マンになったばかりのときに掲げた２つの目標のうち、特に「保険営業を尊敬される仕事にする」ということについて掘り下げます。これは、保険にかかわらずあらゆる営業マンにとって必要な心構えだからです。

私がなぜ保険営業を尊敬される仕事にしたいと思っているかというと、単純に保険営業の仕事が日本では尊敬されていないからです。名刺交換をすると今も多くの人が「ああ、保険会社さんね」と少し見下したような目で見ます。そう言われるのが保険の営業を始めたときから嫌で仕方ありませんでした。

では、保険の営業マンにとっての成功とは何なのかを考えます。お金を稼ぐだけでは、見下されることはきっとなくなりません。ならば保険営業そのものを尊敬される仕事にすればいいと気づきました。だからそれを目標にしたのです。

人はなぜ尊敬されたいのかというと、なりたい自分になるために必要な人間の基本的欲求だからです。マーケティングセミナーなどでよく引用される理論に「マズローの欲求5段階説」というものがあります。アメリカの心理学者のアブラハム・マズロー氏は、「人間は自己実現に向かって絶えず成長する生きものである」と仮定し、人間の欲求を5段階

● マズローの欲求5段階説

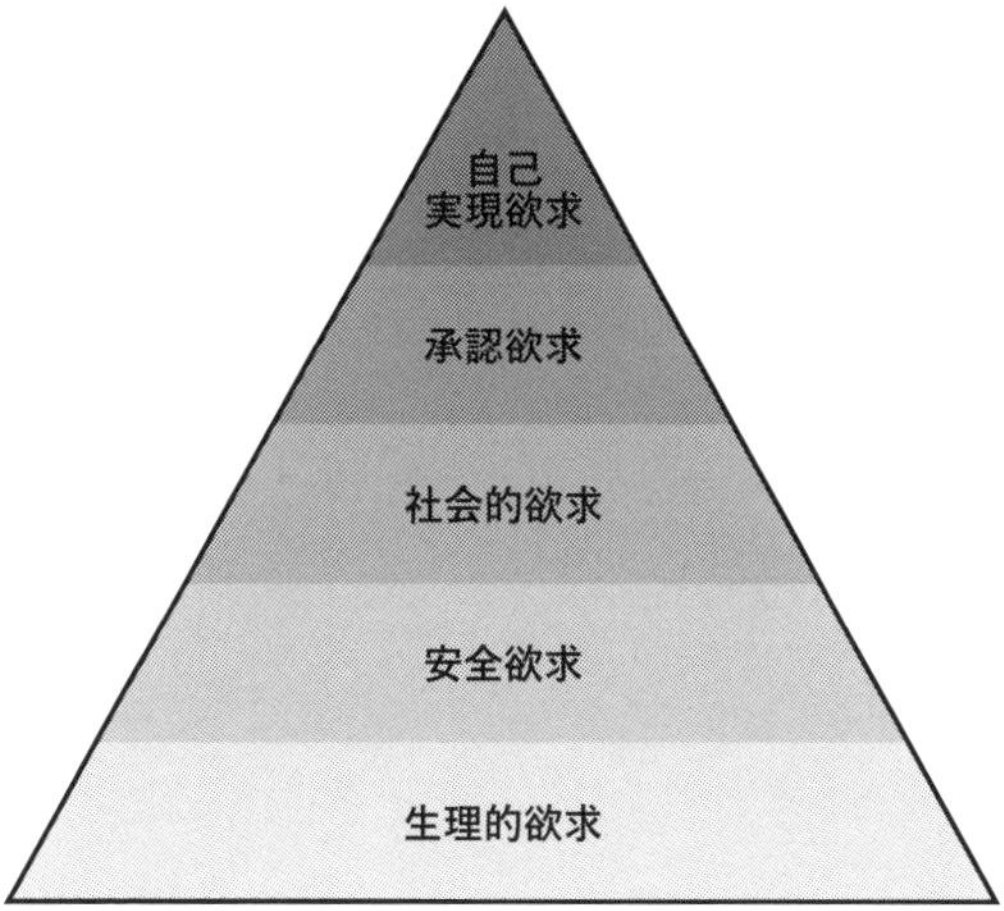

出典：著者作成

にカテゴライズしました。

第１段階が生理的欲求、食欲や排泄欲、睡眠欲など人間が生きていくために必要な本能的な欲求です。第２段階が安全欲求、病気や事故のない安全な暮らしへの欲求です。第３段階が社会的欲求で、友人や家庭、会社から受け入れられたいという願いです。人間は完全に孤独な状態では生きられないからです。そして第４段階が承認欲求、尊重欲求ともいいます。文字どおり、他者から尊敬されたい、認められたいと願う欲求です。出世欲もこれに当てはまります。マズローはここまでの４欲求を「欠乏欲求」と名付け、それが満たされて初めて第5段階である自己実現欲求、あるべき自分になりたいと願うのだと説いています。

したがって、人から尊敬されたい、出世したい、名誉を得たいという欲求は、決して恥ずかしいことではありません。それどころか人間として高みを目指すうえで避けては通れない心の動きなのです。実際金だけ儲けられればいいという下卑た考えでは、人から尊敬されたり、出世したり、名誉を得たりすることはできません。もし私がそうだったら、おそらく社会的に淘汰されて、日本一になることもこのような本を書く機会も得られなかったと思います。

つまり、人間が何かを成すためには、人から尊敬される仕事をしようという強い意志をもつことが大事なのです。人間はビジョンをもって、それに向かって動いていく習性があるわけですから、後ろめたい仕事というのは続かないはずです。

特に保険の仕事は人の生き死にに関わる大切な仕事です。それなのに多くの保険の営業マンが、黙ってここに名前を書いてハンコを押してくださいという、いい加減な仕事をしているように私は感じます。私はそんな安っぽい感覚では絶対に保険営業の仕事をしたくはありません。もちろん志だけでご飯は食べられませんが、その志が成功を支えるのです。そう考えたら、日々の努力は絶対に必要だし、おかしいことがあれば立ち止まって「なぜこの仕事をやっているのか」と考えることも時には必要です。それがお金の奴隷にならない唯一の方法だからです。

つまるところ営業マンの最終目標は人の役に立つことです。誰もが言われていちばんうれしい究極の言葉は「ありがとう」です。それは１人に言われるより、10人に言われるほうがうれしいものです。そして10人より、１００人に言われたほうがもっとうれしいはずです。そうやって人間の自尊心は高められていくのです。

さらに、人の幸せというのは、生まれてからどれだけの「ありがとう」を人から言ってもらうかに尽きるのだと思います。私がこれまで営業成績だけを考えてきたのであれば、おそらく今ほど多くのお客さまには出会えなかったと思います。そして、こうやって自分が身につけた初動のノウハウを、多くの読者に届けることもできなかったはずです。そうなるように努力してきた自分に対しても、「ありがとう」と言いたい気持ちで一杯です。

目標を明確にする7つのプロセス

営業マンの使命は人の役に立つこと、そしてお客さまから「ありがとう」と言ってもらうことです。ではそこに至るまでにはどのような行動を取ればいいのかといえば、ただやみくもにありがとうと言われたいと願うだけでは実現不可能です。

そこで、「目標を明確にする7つのプロセス」をご紹介します。1から7までの項目順に自分の意志や行動を記入していって、それを明確に意識することで実現の可能性を高めるという方法です。

例えば保険営業の場合、明確な理想として年収2000万円を掲げたとします。そして正確な現状は年収500万円だとします。次に年収を2000万円にするための適切な期

● 7つのプロセスによる具体例

7つのプロセス	Aさん	Bさん	保険営業の場合
①明確な理想	とにかく痩せたい	48kgになる	年収2000万円
②正確な現状	今の体重が分からない	今の体重は58kg	年収500万円
③適切な期限	とにかく早く	3カ月	1年
④定期的な確認	毎月1回計測	毎日計測	週1回
⑤表面的な目的・目標	48kgになること	48kgになってドレスを着ること	月収170万
⑥本当の目的・目標	ドレスを着ること	ドレスを着てパーティに出席すること	MDRTに入会して一流の仲間になること
⑦強い動機	パーティに参加	パーティで彼氏を見つける	「ありがとう」と言われたい

出典：著者作成　※右の欄は、保険の営業マンが入社当時に目指す例

限はどれくらいか考えます。あまり長過ぎてもいけません。きりのいいところで１年とします。ポイントは定期的に目標の確認を行うことです。人間は仕事の忙しさや雑事に追われて目標を見失いがちだからです。これはなるべくこまめに行ったほうがいいです。例えば週１回とします。では年収２０００万円を達成するには表面的な目的・目標はどうすればいいのか、それはお金を稼ぐことです。しかしお金を稼いで年収２０００万円に

なることの本当の目的・目標は、世界でも限られた生命保険営業しか入れないＭＤＲＴという組織に入会し、一流として認められることだと気づきます。さらにそうなりたい強い動機は何かというと、要するに「ありがとう」と言われたいという結論に行き当たります。

このように、自分自身の強い動機に気づくことで目標達成をより確実にできます。初動ならぬ初心を忘れずにリマインドするためのメソッドです。ちなみに、ダイエットして痩せたいだとか、結婚したいといった生活や人生における目標にも応用できますので、ぜひ友人や家族と試してみてください。

トップ営業が実行するＡＢＣＤ法則

トップセールスレディとして多数の著書を出している朝倉千恵子さんという人が提唱している理論に「ＡＢＣＤ法則」というものがあります。これは、Ａ＝当たり前のことを、

Ｂ＝バカにしないで、Ｃ＝ちゃんとやる。それがＤ＝できる人であり、仕事を成功させる法則だというのです。そんなのは当たり前じゃないかと思うかもしれませんが、当たり前のことを当たり前にできる人は案外少ないものです。シンプルでありながら人間の核心をついている、良い言葉だと思います。

当たり前のことをちゃんとやることを座右の銘にしている偉大な経営者の一人として、柳井 正氏が挙げられます。柳井氏はファーストリテイリングの代表取締役会長兼社長であり、現在のユニクロブランドを築き上げた立志伝中の人物です。

柳井氏は基本に忠実であることを重視し、シンプルでありながら機能的で高品質な商品を提供することにこだわり続けました。とあるインタビューでこのようなことを言っています。「当たり前のことを当たり前にしている。それだけなんですよ。会社の存在意義やビジョンをしっかり共有し、それを社員全員が意識して仕事に取り組んでいる。商売の原点をきちんと守っているだけです」。さらに自社のプレスリリースでは、「ユニクロをスタートさせた１９８４年当時は、まだ生き残るために必死で、社会における企業の役割や責任を考える余裕はありませんでした。しかし、ユニクロが社会に受け入れられ成長してゆくにしたがって、社会に果たす企業の役割が、自ずと見えてきたんですね。社会との関係を抜きにして会社の経営は成り立たない。この当たり前の原理を実感できるようになりました」と言っています。つまり成果を出すためには当たり前のことを徹底的にやることが大切だという信念をもっており、それを貫き通すことでユニクロは世界中で成功を収めるまでに成長したのです。

このように、当たり前のことがちゃんとできるようになると、万人を引き付け、さらには「この人の話を聞かないと損をする」と思わせるオーラが身につきます。だからこそ、柳井氏の経営哲学は、ほかの経営者やビジネスリーダーに大きな影響を与えているのです。

逆にいえば、当たり前のことがちゃんとできている人が、いかに少ないかということです。営業における当たり前のこととは、すなわち初動のことです。地道だけれども商談に向けた初動を当たり前に、かつ完璧にすることでほかの営業マンとは差別化され、初対面での好感度がぐんとアップすることは間違いありません。

人生の一発逆転を狙うなら営業しかない

今この本を手に取っている人は、営業という仕事で上を目指したい、お金を稼いで人から尊敬される人間になりたい、豊かな人生を手に入れたいと思っているはずです。しかし、営業という仕事をこのまま続けていってもいいのだろうかと悩むこともあると思います。営業スタイルの変化やＡＩの台頭により、これまでの営業では成り立たなくなってきているどころか、営業という仕事そのものがなくなりそうだからです。ゆえに初動力を高め、商談の成功率を上げる営業スタイルをおすすめしたいと思ったのがこの本の出発点でした。ならば、営業以外の仕事をしたほうが成功への道が拓けるかもしれない、そう思う人もいると思います。その気持ちは分かりますが、答えはＮＯです。人生の一発逆転を狙うには、営業以外にないと私は断言します。

そもそも営業以外の仕事で、私たち平凡な人間が個人の力で大金を手にすることは難し

● 生涯賃金（60歳まで、退職金を含めない）

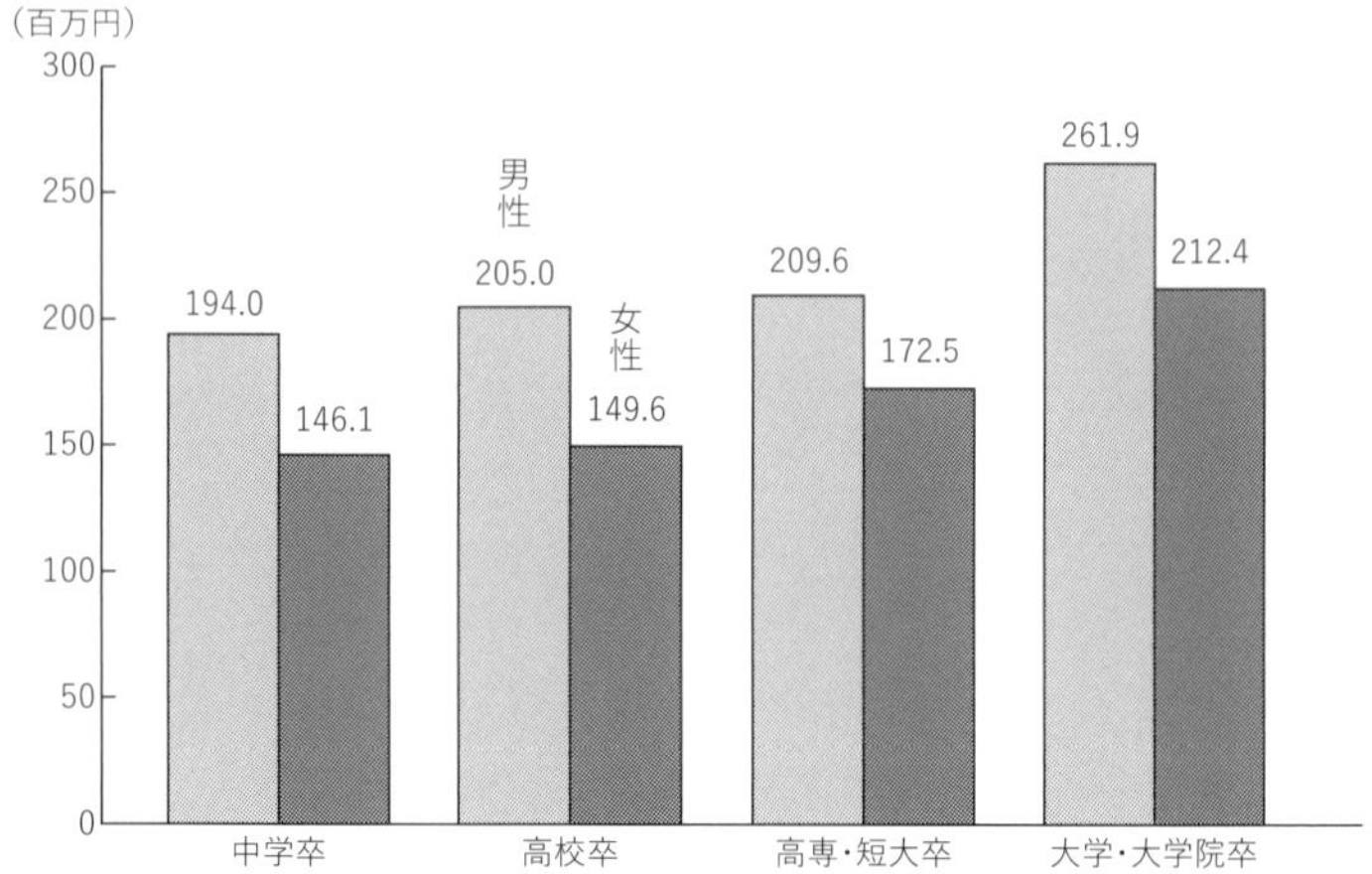

注：学校を卒業してただちに就職し、60歳で退職するまでフルタイム労働を続ける場合（正社員とは限らない、同一企業継続就業とは限らない）。

出典：生涯賃金など生涯に関する指標｜ユースフル労働統計 2022

いです。例えばラーメンをおいしく作る職人がいるとします。抜群の味覚センスとこだわりの材料により連日行列。大好評につき強気の商売で１杯１０００円のラーメンを１５００円に値上げできたとしても、しかしそこまでです。そこから先は経営という別のスキルが必要な世界になります。これまでラーメン店で財を成した人は多いですが、それは職人としてではなく、経営者としての手腕が飛び抜けて優秀だったからです。

　会社員はどうかというと、今は終身雇用制ではありませんので、転職でうまくステップアップすれば、多額のサラリーをつかむこともできます。場合によっては出世コースに乗り、代表取締役社長に上り詰めることも夢ではありません。しかし現実は甘くありません。

独立行政法人労働政策研究・研修機構が公表している「ユースフル労働統計２０２２」によると、学校卒業後フルタイムの正社員を続けた場合の60歳までの生涯賃金（60歳まで、退職金を含めない）は、男性は中学卒約1億９０００万円、高校卒約2億１０００万円、高専・短大卒約2億１０００万円、大学・大学院卒約2億６０００万円、女性は中学卒約1億５０００万円、高校卒約1億５０００万円、高専・短大卒約1億７０００万円、大学・大学院卒約2億１０００万円でした。

ただし、企業規模によって金額は変わります。例えば男性で大学・大学院卒の場合、企業規模１０００人以上では3億円にまで達しますが、企業規模10～99人では2億１０００万円と、ギリギリ2億円を超えるくらいです。大企業とは1億円程度の開きがあります。

１０００人以上の会社といえば相当な大会社です。そこに入るには、良い大学を出なければなりません。良い大学に入るためには小さいときから塾通いが必要です。塾の費用も相当な額がかかります。つまり大企業に就職できるということは、すでに選ばれた人間なのです。

それでも、年々賃金が上がっていけば希望がもてます。しかし前記した大学・大学院卒男性を例に見ると、１８５ページの図にもあるように生涯賃金の平均は１９９３年の３・24億円をピークに、２０２０年ではなんと６０００万円も減少しています。これは絶望的な数字といわざるを得ません。

残念ながら、我々日本人は全員、下りのエスカレーターに乗っているのです。日本という国が老化し、経済は確実にマイナス成長に向かっています。そのなかで自分の生活を豊かにするためには、自分自身が成長するしかありません。

会社員は基本的に、会社の業績や社内固有の技量、地位によって収入が変わります。つまり同じ会社のなかで出世していけば収入は増えますが、転職してまったく違う職種に就いたら大幅ダウンということもあり得ます。またシステムエンジニアなどの専門職は比較

● 同一企業型の生涯賃金の推移（60歳まで、退職金を含めない）

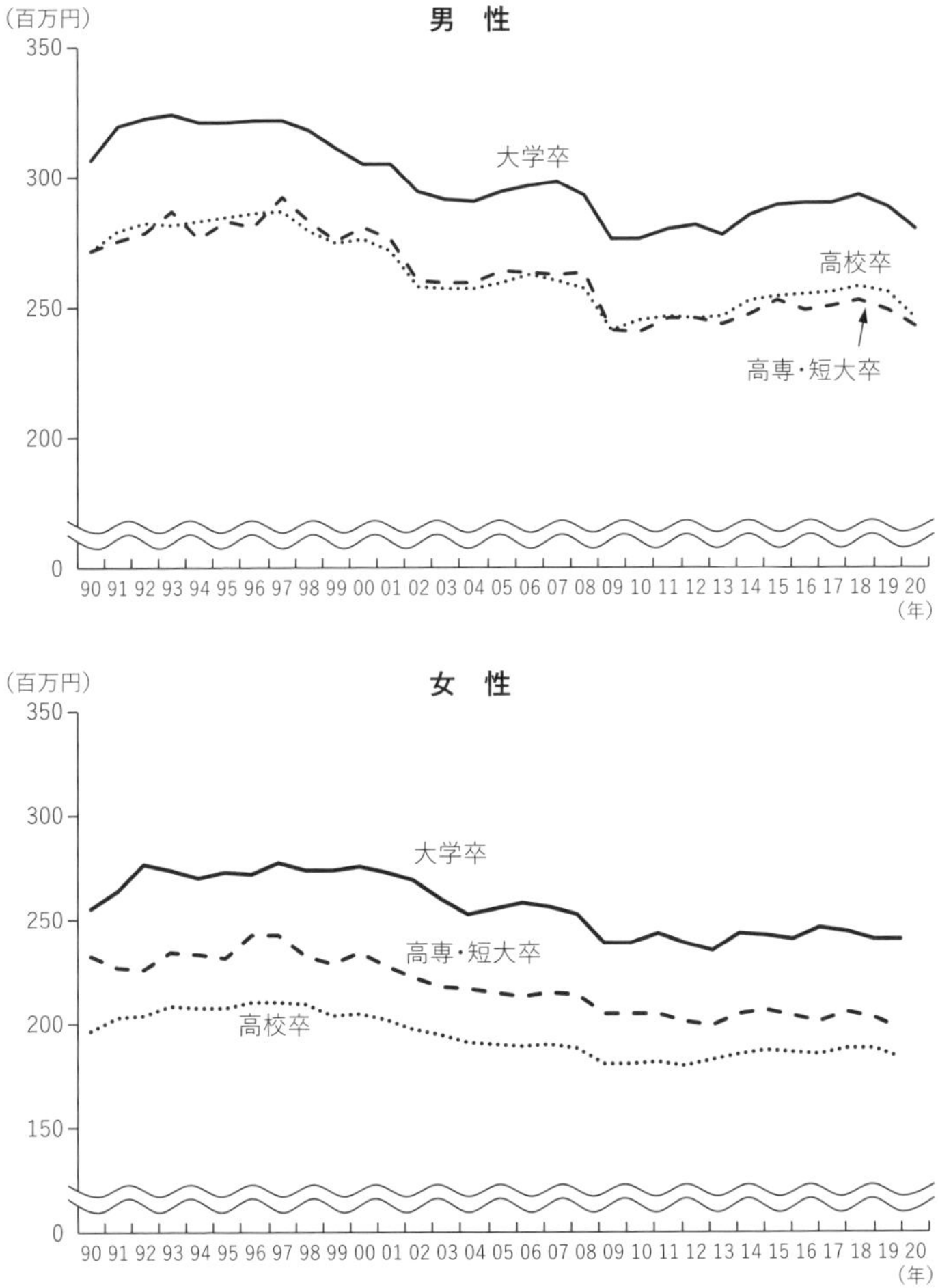

出典：生涯賃金など生涯に関する指標｜ユースフル労働統計 2022

的高給といわれていますが、技術の進歩が著しく速いため、もっている技能がすぐ陳腐化してしまうリスクがあります。だから常に学び直しが必要なのですが、記憶力や向上心は年を取るほど衰えていきます。

しかし営業は対人間の技能なので、スキルが古くなることはありません。もちろんＳａａＳ（インターネット経由でのソフトウェア利用）やＡＩなどの外部的要因によって営業スタイルが変わることはありますが、基本をしっかり押さえられれば、いくらでも応用が可能です。初動がまさにそれです。しかも販売ルートである人脈は、年数を重ねるごとに増えていきます。お客さまの紹介なども加味すると、その可能性は無限大といえます。

営業で最も有利なことは、基本の営業スキルをマスターすれば何でも売れるようになるということです。かつては英会話教材がブームになったこともありますが、それを一生売り続ける必要はありません。時代や活動地域、個人のセンスや人脈に応じて、自由に商材を選ぶことができるのです。例えば今流行りのＭ＆Ａは、実体としての商材はありませんが、経営者とつながる人脈と営業スキルがあれば十分ハイレベルな仕事ができます。かくいう私も最近はこの分野でかなり重宝がられています。

ちなみに、私がなぜ保険の営業をメインでやり続けているかというと、「３つの好条件」に当てはまるからです。１番目は値切られないことです。保険料は必ず定価です。これは意外と珍しく、保険料を安くしますから入ってくださいと言うことはあり得ません。保険料が下がれば保障が少なくなるだけだからです。２番目は在庫がないことです。契約書が１枚あればいいので倉庫代がかかりません。事前に仕入れる必要もありません。究極にランニングコストがかからない商材です。そして３番目は季節と関係がないということです。家電なら夏とか冬、冠婚葬祭なら初夏や秋、学習教材なら春といった書き入れ時がありますが、保険はまったく関係ないのです。死んだらどうしよう、事故に遭ったらどうしようという不安はいつも人の心にあるからです。この３つがそろっている商材はほかにありません。

営業で稼ぐコツとしては、結局在庫がないのが一番です。大量に仕入れて大量に売るという仕事は、在庫コストや値下がりというリスクが大き過ぎます。そして自分の力量に合わせてマーケットを大きくしていくことも肝心です。いつまでも中流層の個人のお客さま相手だと売上は伸びません。個人なら富裕層、あるいは企業を相手にマーケットチェンジをしていくべきです。

ＲＰＧゲームのドラゴンクエストで例えると、いつまでも経験値の低いモンスターを相手にしていても強くはなれないのと同じです。ＲＰＧの世界が面白いのは強い相手と戦って経験値を上げれば自分も強くなっていくことです。営業マンもレベルの高いお客さまを相手にしないと知識も経験値もレベルアップしません。

小さな積み重ねが大きな成功にたどり着く

私も最初は個人のお客さま相手に営業を始めました。ですが、いまやスーパーカーを乗り回す四国随一の富裕層や、大きな会社の経営者が顧客の50％を超えてきました。保険営業を始めたばかりの15年前と比べると、私の池もずいぶん大きくなったと感慨深いものがあります。

とはいえ、やっていること自体はたいして変わりません。異業種交流会に行って、名刺交換して、お礼状のハガキを書いて、Ｆａｃｅｂｏｏｋでつながって……違うのは話す内容と取扱金額くらいです。いきなり伝説の勇者にはなれません。地道にステップアップしていくしかないのです。

最近、野球の世界では大谷翔平選手が注目されていますが、私の世代だと、やはりヒーローはイチロー選手です。あの細身の体で、メジャーリーグ10年連続２００安打、２００４年にはシーズン最多安打記録を84年ぶりに更新するなど、偉大な記録を打ち立てました。最多安打を更新したときの記者会見で、彼はこんな名言を残しています。「小さなことを積み重ねることが、とんでもないところへ行く、ただ一つの道」（出典：asahi.com「イチロー会見一問一答」）。その言葉を証明するのが内野安打の数です。全２６２安打のうち57本が内野安打だったのです（出典：Number Web「あまりに偉大な２００４年のイチロー。２６２安打の足跡を今一度振り返る。」）。実に22％です。もしボテボテの当たりだからと力を抜いて走ったら、記録達成にはならなかったと思います。まさに小さなことの積み重ねが、大記録を打ち立てたのです。

営業においても、常に会心の一撃というわけにはいきません。ネットの怪しい情報商材のなかには10倍売るとか、マーケットを攻略するとか調子のいいことが書いてあるものもありますが、机上の空論ではダメです。この本で書かれている初動は、結局最初の出会いからアポ取りまで、コツコツ内野安打を積み上げるようなものです。それは個人相手でも大富豪相手でも、企業相手でも同じことです。時短の営業ノウハウはありません。

人がもっている時間は平等

「８６４００」という数字、これは24時間を秒に換算した数です。多いか少ないか、感じ方は人それぞれですが、与えられた時間は誰にでも平等で、１日８万６４００秒です。その時間をどのように使うかは私たち自身に委ねられています。時間を無駄に過ごすか、それとも自分の人生を充実させるために活用するか。この選択は私たち一人ひとりが行わなければならないのです。

時間と並んで平等なのは、人間はいつか死ぬということです。ただし、その日がいつ来るかは誰にも分かりません。だからこそ、そのときまで与えられた1日8万6400秒という時間を、いかに使うかが問われています。

スティーブ・ジョブズ氏は、2005年6月、アメリカのスタンフォード大学の卒業式でのスピーチにおいて、彼の独特な死生観と毎日の習慣について話しています。それは、「もし今日が人生最後の日なら、自分は何をするだろうか?」と毎朝鏡に映る自分に問いかけるというものです。この習慣が始まったのは17歳のときだといいます。それは彼に大きなインパクトを与えました。その日を境に彼は毎朝、「もし今日が最後の日だとしても、今からやろうとしていたことをするだろうか?」と鏡の中の自分に問いかけ始めたのです。そして、もし鏡の中の自分が「違う」と答えたら、「生き方を見直せ」ということなのだと思うようにしたのです。また彼は、人間はいつか死ぬという認識が重大な決断を下すときに一役買うとも述べています。希望やプライド、失敗する不安などは、「死」という出来事の前では取るに足らないものだからです。実はスピーチの前年にジョブズは膵臓がんと診断されていました。だからこそ、その言葉には説得力があります。ジョブズはさらに「死」について聴衆に語りかけます。

「あなたがたの時間は限られています。だから、本意でない人生を生きて時間を無駄にしないでください」

私はスティーブ・ジョブズ氏が大好きです。ですから少しでも彼に近づきたくて、同じように毎朝自分に問いかけています。「今日死んでもいいのか」。仕事がうまくいかない営業マンは、明日やればいいと思っています。明日やろうと思っていると、今日死んだら周りの人に仕事を残して、迷惑をかけることになります。頑張って今日やり切れば必ず成果が出るのに、明日やろう、来週やろう、来月やろう、来期やろうとしているからいつまでも成果が出せないのです。明日やろうはバカ野郎なのです。

「3匹の猫になるな」

高い塀の上に3匹の猫がいました。3匹のうち2匹は、「よし！　飛び降りるぞ！」と決めました。さて、今塀の上に残っているのは何匹でしょう。答えは3匹です。この話をすると残りは1匹と答える人が多いのですが、2匹は決めただけでまだ飛び降りていません。決めただけで動いていないのです。計画は行動に移して初めて結果につながるのです。

営業マンには2種類しかいません。「目標を達成する人」と「しない人」です。それは行動する人としない人と言い換えられます。行動に移さないから結果が出ないのです。

なぜ行動しないのかというと、それは行動することで生じる変化が怖いからです。動けば今いる場所から移ることになります。良いほうに行けばいいのですが、悪いほうに行く場合もあります。どう転ぶか分からない、それをリスクといいます。しかしリスクを取らなければ、さらなる成長はありません。それは分かっているけれどなかなか動けないのが人間です。今順調な人ほど変化を恐れます。しかし、それで待っているのはゆるやかな死です。

ベンチャー企業の生存率は、創業から5年後が15・０％、10年後は６・３％。20年後はわずか０・３％です。つまり１００社起業しても、10年で6社ほどに減ってしまうのです。では生き残るベンチャーと生き残れないベンチャーの差はどこにあるのか。いろいろな考えがあると思いますが、私は変化できるかどうかだと思います。

イギリスの自然科学者、チャールズ・ダーウィンは著書『種の起源』のなかでこう述べています。「最も強いものや賢いものが生き残るのではない。最も変化に対応したものが生き残るのである」。今が飛び込むべきだと思ったら、変化を恐れず飛び込むべきなのです。営業マンとして成功したければ、３匹の猫になってはいけません。決めたらやる、ただそれだけなのです。

歯医者も美容師も公務員も営業マンになる時代

変化という点では、特権階級といわれた弁護士や医師なども蚊帳の外ではありません。ＡＩの台頭で最も危機にさらされているのが弁護士だともいわれています。六法全書や過去の判例を覚えることについては絶対にＡＩに敵わないからです。

医療現場の治療や手術においてもＩＴ化が進んでいます。開業医は別として、勤務医は給料も安く、大学病院は上が詰まっているので出世の道もたいして期待できません。そこで美容整形やＡＧＡ治療に活路を見いだす若い医師が増えています。

身近なところでは、歯科医師も変化しないといけないはずです。駅前にはデンタルクリニックの看板が山のようにあります。そうしたなかで生き残っていくには営業するしかありません。私だったら、Ｆａｃｅｂｏｏｋで「クリニックをバリアフリーにしました」とか「車を置きやすくしました」とこまめに投稿します。そこにもし患者さんが、「親切丁寧でスケジュールの変更もしてくれた」とコメントしてくれたら、一気に評判が上がるからです。なにも歯医者にチラシをポスティングしろと言っているのではありません。ちょっとした発信ぐらいできるだろうと言っているのです。しかし医者は何も発信しません。薬機法がどうのこうのと言い訳ばかりして動こうとしません。本当はアイデア次第で何とでもできるのに、です。

美容師も一緒です。厚生労働省の報告によると、２０２１年3月末時点の美容師数は約55万人で、施設数と同様に過去最多を更新しました。理容師数は約21万人で、理美容師合わせると76万人になります。その一方で、１理美容師あたりの人口は１・65人と毎年減少を続けています。これは何を表しているかというと、何もしなければどんどんお客さまが減っていくということです。であればカットの技術を磨くだけでなく、お客さまを呼んでくるための技術も身につけなければなりません。すなわち営業です。

副業をやろうと思っているサラリーマンも同じです。会社員と違って、自ら営業して仕事を取ってこなければならないからです。自治体もそうです。今、地方の知事がせっせと東南アジアなどに行ってセールスをしていますが、どれほどの効果があるのか疑問です。それより自治体の職員の営業力を上げて、現地でバリバリ売ってきたほうがよほど利益を上げられると思います。どうせ自治体の首長など何年かすればクビがすげ替わるのですから、自治体そのものが筋肉体質ならぬ営業体質になったほうがいいのです。

営業の力でニッポンを元気に

これからの日本は「総営業マン時代」になるべきだと思います。個人が成長するためには営業しないとダメだからです。会社員も、会社の売上のために一人ひとりが頑張って営業しないと給料は上がりません。

そのように社会の労働者の50％が考えて成長していったら、むしろ日本の経済は比例して成長すると思います。なぜなら、営業によって労働効率が上がるからです。労働効率が上がるとは、同じ時間・労力だけれど売上は伸びているという状態のことです。時間と労力はコストですから、それが減ると売上から差し引いて残る利益は増えていきます。利益が増えれば消費も増えて、経済も成長していくに違いありません。

もちろんそんな青写真どおりにいかないかもしれませんが、そうした高い視座から自分の仕事を見下ろしてみることは大事です。

今、日本の中小企業は約358万社あるといわれています。全企業数の99・7%をも占めます。国は中小企業は日本を支える存在だなどと持ち上げていますが、はっきりいって数が多過ぎると思います。従業員数が10人、20人の会社は全部統合していったらいいのです。銀行ですら支店をどんどん削っています。

今は無数の中小企業でマーケットを取り合っている状況です。しかし少子高齢化を考えると、それが拡大する見込みは薄いはずです。やがて枯渇することは目に見えています。であるならば、中小企業の数を減らして、マーケットを安定させるほうが賢明です。

そうなると、営業効率の高い優秀な営業マンが必要となります。中小企業が統合され、それに応じて減った営業マンの分も一人で稼いでくれる一流の営業マンです。この本はそういう営業マンが一人でも多く誕生してほしいとの思いで書きました。営業マン一人ひとりが、日本を引っ張っていくのです。

そのためには熱意が必要です。熱意は成功の条件です。熱意なき成功は偶然で、長くは続きません。熱意があればこそ、持続的な知恵が生まれます。そして、成し遂げたい明確な目標があれば、創意工夫が生まれます。だからこそ人一倍努力すべきなのです。天才とは努力の別名です。根気よく成功するまで、諦めずやり続ける姿勢をもつことが大事です。

順境では人は成長しません。逆境こそ人を成長させる天からの贈り物です。そう心掛けて、悔いのない人生を送ってください。一度限りで二度はない人生を、真剣に生きてください。それがすべての「初動」の原点です。

おわりに

私は3人兄弟のいちばん下で、幼い頃は気管支も弱く、学校をよく休んでいました。それが原因で家でたくさん読書をすることになり、多くの分野の本に夢中になりました。中学の頃は体力と精神力を鍛えるために柔道部に入りました。興味は特になかったのですが、先生に勧められて地元の難関である国立高専の化学科を受験したところ、合格してしまいました。当時は国立高専に合格したら行くべきだという風潮があり、家庭の経済状況が良くなかったこともあって、特定の夢もなかった私は高専に進学しました。学校に入ったら試験以外で勉強することはほとんどなく、寮生活や厳しい上下関係に悩む毎日でした。

就職した頃はバブル経済が崩壊する直前でしたが、パソコンが使えるだけで就職先はたくさんありました。最初に入社した会社では毎月１００時間以上の残業が続いていました。その後取引先の会社にスカウトされて転職したものの、バブルが崩壊した影響で会社は倒産。次に印刷関連の小さな会社に就職、25歳のとき技術職から営業職に転向しました。そして専務兼営業部長に昇進し、無難に仕事に励んでいましたが、38歳の夏に突然解雇されてしまったのです。その後5カ月間、その会社を相手に地裁にて労働審判を行いました。審判をあおいだ理由は、第三者に公正な判断を委ねたかったからです。弁護士も雇わずすべて自分で行ったため、精神的にも非常につらかったです。

　裁判も落ちつき、今後の生き方を案じていたときに、外資系の保険会社から声が掛かりました。それがこの業界に入ったきっかけです。最初はまったく保険には興味がなかったのですが、38歳の自分が社会でどれだけ通用するのだろうという思いもあって面接に行ってみたのです。そこで見せられたのが月収１千万円を超す営業マンの給与明細です。それを見て愛媛の田舎に住む自分でも半分くらいなら達成できるのではないかと思ったのです。保険についてのＤＶＤも見ました。内容は小さな電気店の店主が末期がんに侵されるというドラマ仕立てのものです。ベタなストーリーでしたが、店主の娘が自分の娘と重なって号泣してしまいました。失くすだろう時間を解決する保険の仕事はすばらしい仕事だと思ったのです。

直後にリーマンショックがあった関係でその外資系保険会社には入社しなかったものの、保険営業を尊敬される仕事にすること、そして一生この仕事に携わっていくことを決めた私は、三井住友海上火災保険の独立コースに参加しました。面接していただいた当時の市倉支社長に「あなたは、専務でもクビになったのだから、次は社長になりましょう」そして「生命保険だけではお客さまを守れません。損害保険とのハイブリッドな営業をしましょう」という言葉が決め手となりました。これは3年間研修生として営業し、一定の基準をクリアすれば契約したお客さまをすべてもったまま自分の代理店をつくれるというものです。普通の会社なら顧客リストをもって独立することなどできません。38歳の遅いスタートにはうってつけでした。しかし半期ごとに成績をまとめ、基準をクリアできない者は容赦なく切られていきます。完走できるのは20％に満たない厳しい世界です。同期入社で（２カ月ごとに）約１００人が参加しました。

最初は知人や友人から営業を始め、そこから周りの人を紹介してもらうという形で契約を伸ばしていきました。保険営業は初めてでしたが、あらゆる営業マニュアルを読破し、さまざまな営業マンのスタイルを学び、必死でくらいつきました。このチャンスを逃したらあとはないという、まさに背水の陣です。その気迫が通じたのか最初の半期で営業成績全国１位を達成。その後もほぼ１位で３年間を走り抜き、研修を卒業しました。このときの研修生成績の記録はいまだに破られていないそうです。

東日本大震災があった２０１１年の12月に法人を設立し、２０１２年２月から株式会社「かがやき総合保険企画」として活動を開始しました。起業に際して私はいくつか明文化した目標を設定しました。それは「理念と姿勢を成文化する」「社員数を10名にする」「３年以内に自社ビルの建設」手数料１億円を超えたら「地域社会へ貢献する」、そして「保険業界の資格ＭＤＲＴを取得する」というものです。これらの目標を達成するために１年目の３６０日は早朝から晩まで仕事をしました。しかし無理がたたったのか２０１３年にはまったく声が出なくなり（喉頭がんの疑いで）入院、手術を受けました。無理をし過ぎては元も子もない、お客さまにも迷惑がかかると悟りました。

退院後、オリックス生命の販売実績で5年連続1位を獲得。２０１９、２０２０年度は2位でしたが２０２１年度には再び1位に返り咲きました。ＭＤＲＴについても通常の入会基準の6倍以上の販売成績が求められる会員資格ＴＯＴ（Top of the Table）最高基準を、19年度から4年連続でクリアしています。

ところで、生命保険営業はキング・オブ・セールスと呼ばれます。営業の仕事は世の中にたくさんありますが、保険は形がなく、それを売るのは難易度が高いからです。そんな世界で結果を出し続けるために私が念頭におくのは「誰のための保険なのか」ということです。

それはもちろんお客さまのためです。つまり保険の契約はお客さま主体でなければなりません。だから私は初対面のお客さまには必ず3つの約束をします。「契約のお願いはしない」「しつこくしない」「説得しない」の3つです。その代わり説明を丁寧にします。そんな私でよければお話しさせてくださいと念を押します。セールストークにおいても相手の仕事や経済状況、家族構成、ライフプランなどをしっかりヒアリングしたうえで、「それならばこういう保険に入りたくはないですか」と、お客さまが自分の未来をイメージしやすい具体的な言葉で提案するようにしています。それはあくまでも提案です。決めるのはお客さまです。保険という商品は売ってやろうと考えた瞬間に売れなくなります。仮に契約しても、付き合いで仕方なく入ったお客さまは絶対に次のお客さまを紹介してくれません。それでは売上は拡大していきません。

そもそも商品に形がないのなら、「自分を売ればよい」というのが私の考えです。まず自己開示して、相談相手としての信頼を得ることが重要です。社員にも数字のための営業ではなく、自分を売るための営業なのだと口を酸っぱくして言っています。そうした営業に対する私の考え、テクニックがすべて凝縮されているのが「初動」です。

お願いせず、しつこくせず、説得もしないけれど、お客さまが自ら進んで商談のテーブルについてくれる究極の営業テクニックです。それは商談の前にすべて決まるものです。その詳細については、ここまで事細かに説明してきました。

現在の私は、「保険営業を尊敬される仕事にする」ことを目指しています。そのために自社ではお客さまのライフプランニングに対して責任と自信をもつことが最重要課題だと考えており、そのためにすべての社員が継続的に資格取得に励んでいます。また私たちは地域社会に貢献する活動も続けており、これまでに160台以上の車椅子を寄贈してきました。

今回、こうした本を著したのも、より多くの営業マンが自分の仕事に自信をもち、尊敬されるようになってほしいという社会貢献活動の一環です。それが、さまざまな人との出会いのおかげでなんとかひとかどの人間になれた私が、残りの人生をかけて成すべき天命だと考えています。

仕事で成功するには、熱意をもつことが最も重要です。熱意があれば知恵が生まれ、努力を続けることができます。逆境も成長の機会ととらえ、貪欲に成功を目指すことができます。人生は一度きりですから、熱意をもって生きることを優先するのが大切です。

夢なき者に理想なし

理想なき者に計画なし
計画なき者に実行なし
実行なき者に成功なし
故に、夢なき者に成功なし

幕末動乱の時代に私塾「松下村塾」を開き、のちの明治維新で重要な働きをする多くの若者に思想的影響を与えた指導者、教育者である吉田松陰の名言です。この言葉はビジネスにおいてもとても大事な考え方であり、成功するための秘訣だと思います。

そして最後に、ある詩を紹介します。ドイツの精神科医でゲシュタルト療法の創始者であるフレデリック・S・パールズ博士の詩であり、自分がくじけそうなときに救ってくれる言葉です。

自分を大切にすること、他人を尊重すること、その上にこそ健全な人間関係は成り立つということを語ってくれているように思います。私が保険営業1年目のとき、自分とお客さまとの線引きが上手くできずに苦しんでいたときに、この詩に出会って救われました。


『ゲシュタルトの祈り』

私は私のことをする。

あなたはあなたのことをする。

私は、あなたの期待に応えるために生きているわけではない。

そしてあなたも、私の期待に応えるために生きているわけではない。

私は私、あなたはあなた。

もしも偶然、私たちの心が触れ合うならば、それは素敵なことだ。

もし触れ合えないとしても、それもまた同じように素晴らしいことだ。

（引用：フレデリック・S・パールズ『ゲシュタルト療法—その理論と実際』ナカニシヤ出版）


この本を読んだすべての人が、自分を大事にしながら、お客さまを大事にしながら、「初動」の営業術を駆使して、すばらしい人生を歩んでいくことを願っています。

株式会社かがやき総合保険企画
きらめきコンサル株式会社
代表取締役ＣＥＯ　中泉輝彦

【著者プロフィール】

中泉輝彦（なかいずみ・てるひこ）

人口9万人以下の愛媛県内の小都市から開業10年で、オリックス生命保険を取り扱う全国約40万人の募集人のなかで2014～2022年の販売実績が5年連続を含む6度の日本一。アクサ生命全国ベスト10。2014年から毎年新規契約数700件超。2015年度からMDRT成績資格会員であり、2016、17、18年はMDRTの3倍基準（COT）を達成。2019年度から2022年は4年連続6倍基準（TOT）を達成。「キング・オブ・セールス」といわれる生命保険営業のなかでトップクラスの実績を誇る。現在はM&A仲介のコンサルタント事業も展開。休日にフェラーリやランボルギーニでのドライブや、マイボートに乗って友人らと釣りをすることが趣味。また、お金に働いてもらっている「億り人」でもある。

本書についての
ご意見・ご感想はコチラ

お客さまに「買いたい」と言わせる
初動の営業術

2023年7月14日　第1刷発行

著　者　　中泉輝彦
発行人　　久保田貴幸

発行元　　株式会社 幻冬舎メディアコンサルティング
〒151-0051　東京都渋谷区千駄ヶ谷4-9-7
電話　03-5411-6440（編集）

発売元　　株式会社 幻冬舎
〒151-0051　東京都渋谷区千駄ヶ谷4-9-7
電話　03-5411-6222（営業）

印刷・製本　中央精版印刷株式会社
装　丁　　秋庭祐貴

検印廃止

Printed in Japan
ISBN 978-4-344-94697-2 C0034
幻冬舎メディアコンサルティングＨＰ
https://www.gentosha-mc.com/